SON KIRMIZI KADİFE FIRINLAR

100 Lüks Kırmızı Kadife İkramdan oluşan Koleksiyon

Nehir Bozkurt

Telif Hakkı Malzemesi ©2024

Her hakkı saklıdır

Bu kitabın hiçbir bölümü, incelemede kullanılan kısa alıntılar dışında, yayıncının ve telif hakkı sahibinin uygun yazılı izni olmadan, hiçbir şekilde veya yöntemle kullanılamaz veya aktarılamaz. Bu kitap tıbbi, hukuki veya diğer profesyonel tavsiyelerin yerine geçmemelidir.

İÇİNDEKİLER

İÇİNDEKİLER	3
GİRİİŞ	6
KAHVALTI PİŞİRMELERİ	7
1. Kırmızı Kadife Proteinli Pop Tartlar	8
2. Kefir Soslu Kırmızı Kadife Krep	10
3. Kırmızı Kadife Smoothie Kaseleri	12
4. Krem Peynir Dolgulu Kırmızı Kadife Krep	14
5. Kırmızı Kadife Tarçınlı Rulolar	16
6. Kırmızı Kadife Fırında Donutlar	19
7. Kırmızı Kadife Şişirilmiş Krep	21
8. Kırmızı Kadife Peynirli Waffle	23
9. Kırmızı Kadife Fransız Tostu	25
10. Kırmızı Kadife Muzlu Ekmek	27
11. Kırmızı Kadife Mochi Waffle	29
12. Kırmızı Kadife Turşu Yumurta	31
13. Kırmızı Kadife Latkes	33
14. Kırmızı Kadife Hash	35
15. Kırmızı Kadife Yumurtalı Pizza	37
16. Kırmızı Kadife Yulaf Ezmesi Fırında	39
17. Kırmızı kadife Kahvaltı Barları	41
18. Kırmızı Kadife Ekmek Pudingi	43
19. Kırmızı Kadife Fırında Fransız Tostu	45
20. Kırmızı Kadife Gözleme Fırında	47
21. Kırmızı Kadife Çörekler	49
22. Kırmızı Kadife Kahvaltı Kurabiyeleri	51
23. Kırmızı Kadife Donutlar	54
24. Peynir Sırlı Kırmızı Kadife Kek Çörekleri	56
25. Streusel Soslu Kırmızı Kadife Muffinler	59
26. Kırmızı Kadife Muzlu Ekmek	61
27. Kırmızı kadife Çay Kekleri	63
28. Kırmızı Kadife Doldurulmuş Krep	65
29. Taze Çilekli Mochi Muffin	68
30. Kırmızı Kadife Nutella Mochi Muffin	70
31. Çilekli Margarita Krep	72
32. Godiva Donutları	74
MEZELER VE ATIŞTIRMALIKLAR	77
33. Kırmızı Kadife Bombalar	78
34. Kırmızı Kadife Balkabağı Barları	80

35. Kırmızı Kadife Şekerleme Protein Barları 82
36. Kırmızı Kadife Köpek Yemi 84
37. Kırmızı Kadife Parti Karışımı 86
38. Kırmızı Kadife Kek Topları 88
39. Kırmızı Kadife Trifle Bardaklar 91
40. Kırmızı Kadife Peynir Topu 93
41. Kırmızı Kadife Çizkek Brownie Isırmaları 95
42. Kırmızı Kadife Pirinç Krispies 98
43. Kırmızı Kadife Cips 100
44. Kırmızı Kadife Kırışık Kurabiyeler 102
45. Kırmızı Kadife Çizkek Girdap Sarışınlar 104
46. Kırmızı Kadife Whoopie Pies 106
47. Kırmızı Kadife Girdaplı Brownie 109
48. Kırmızı Kadife Kurabiye Barları 111
49. Kırmızı Kadife Krem Peynirli Kurabiye 113
50. Kırmızı Kadife Bonbonlar 115
51. Kırmızı Kadife Çek-Apartlar 117
52. Kırmızı Kadife Kabuğu 119
53. Kırmızı kadife ve Açaí Maqui Berry Barları 121
54. Kırmızı Kadife Pirinç Krispies 123
55. Reçel ve Hindistan Cevizli Madeleine 125

TATLI 128

56. Krem Peynir Dolgulu Kırmızı Kadife Kurabiye 129
57. Raventli Köfte 132
58. Kırmızı Kadife Tres Leches Kek 135
59. Şeker Kamışı Kek Rulosu 138
60. Piñata Kapkekleri 141
61. Çilekli Çikolatalı Kurabiye 144
62. Şekerli Kurabiye Kupa Kek 146
63. Ahududu Güllü Makaronlar 148
64. kırmızı kadife minik kekler 151
65. Kırmızı Kadife Buzlu Kek 153
66. Çilekli Sufle 156
67. Kırmızı kadife kek 158
68. Kırmızı Kadife Çikolatalı Kurabiye 161
69. Kırmızı Kadife Dondurmalı Waffle 164
70. Kırmızı Kadife Mini Çizkek'ler 167
71. Kırmızı Kadife Krem Peynirli Muffinler 170
72. Kırmızı Kadife Ahududulu Tart 173
73. Kırmızı Kadife Sufle 175
74. Beyaz Çikolata Dolgulu Kırmızı Kadife Parmak İzi Kurabiyeleri 177
75. Kırmızı Kadife Kahveli Kek 179
76. Kırmızı Kadife Çizkek Mousse 181
77. Kırmızı Kadife-Berry Cobbler 183

78. KIRMIZI KADİFE MEYVELİ KEK 185
79. KIRMIZI KADİFE BİSKÜVİ 187
80. KIRMIZI KADİFE MAKARONLAR 189
81. NANE EKLERLERİ 192
82. GUAVA ŞİFON PASTASI 195
83. KIRMIZI KADİFE BUNDT KEK 198
84. KIRMIZI KADİFE BUZ KUTUSU PASTASI 200
85. KIRMIZI AYNA SIRLI VİŞNELİ ÇIZKEK 202
86. KIRMIZI KADİFE PANCARLI KEK 206
87. PANCAR GRATENİ 208
88. PANCAR YEŞİLİ SUFLE 210
89. KIRMIZI KADİFE PANCAR MUS 212
90. PANCARLI FINDIKLI EKMEK 214
91. KIRMIZI KADİFE ÇİKOLATALI AHUDUDU EKLERİ 216
92. ROSE LYCHEE AHUDUDU MAKARONLARI 219
93. RAVENT KURDELE BRUNCH KEK 223
94. AHUDUDU ÇİZKEK YERMANTARLARI 226
95. BALKABAKLI ÇİZKEK 228
96. KIRMIZI AYNA SIRLI ŞEKER CUPCAKES 230
97. KIRMIZI KADİFE WHOOPİE PIES 234
98. BOURBON SOSLU KIRMIZI KADİFE EKMEK PUDİNGİ 236
99. AHUDUDU LAMİNGTONLARI 238
100. NANE KABUĞU ESPRESSO MAKARON 241

ÇÖZÜM 245

GİRİŞ

"Son Kırmızı Kadife Fırınlar" ile kırmızı kadifenin çökmekte olan dünyasının keyfini çıkarın. Kırmızı kadife, zengin rengi, kadifemsi dokusu ve karşı konulmaz lezzetiyle dünyanın dört bir yanındaki tatlı severleri büyüledi. Bu yemek kitabında sizi, tatlı isteğinizi kesinlikle tatmin edecek ve pişirme repertuarınızı yükseltecek 100 lüks kırmızı kadife tarifinden oluşan özel bir koleksiyonla bu ikonik lezzetin sonsuz olanaklarını keşfetmeye davet ediyoruz.

Krem peynirli krema ile süslenmiş klasik kırmızı kadife pastasından, kırmızı kadife Çizkek brownie ve kırmızı kadife krep gibi yenilikçi dokunuşlara kadar, bu yemek kitabındaki her tarif, kırmızı kadifenin hoşgörülü cazibesinin bir kutlamasıdır. İster özel bir gün, ister şenlikli bir toplantı planlıyor olun, ister sadece şatafatlı bir ikramın özlemini çekiyor olun, bu sayfalarda ilham ve keyif bulacaksınız.

Açık talimatlar, faydalı ipuçları ve çarpıcı fotoğraflarla " Son Kırmızı Kadife Fırınlar ", kırmızı kadifenin büyüsünü kendi mutfağınızda kolaylıkla ve güvenle yeniden yaratmanıza olanak tanır. İster deneyimli bir fırıncı olun ister acemi bir meraklı olun, bu tarifler etkilemek ve keyif vermek için tasarlandı ve her lokmanın saf lüksün tadı olmasını sağlıyor.

O halde fırınınızı önceden ısıtın, karıştırma kaplarınızın tozunu alın ve kırmızı kadife dünyasında lezzetli bir yolculuğa çıkmaya hazırlanın. İster kendiniz, ister sevdikleriniz için, ister özel bir gün için yemek yapıyor olun, " Son Kırmızı Kadife Fırınlar " pişirme oyununuzu geliştirmeyi ve daha fazlasını istemenizi sağlamayı vaat ediyor.

KAHVALTI PİŞİRMELERİ

1. Kırmızı Kadife Proteinli Pop Tartlar

İÇİNDEKİLER:
- ¼ bardak Yulaf Unu
- 1½ yemek kaşığı Çikolata Protein Tozu
- 1 yemek kaşığı Fıstık Ezmesi Tozu
- 2 çay kaşığı Şekersiz Kakao Tozu
- 3 yemek kaşığı Yağsız Sade Yunan Yoğurt, Soğuk
- ½ çay kaşığı Kırmızı Gıda Boyası Sıvısı

DOLGU:
- 2 yemek kaşığı Yağsız Sade Yunan Yoğurt
- 1 yemek kaşığı Vanilya Protein Tozu

BUZLANMA:
- 1 yemek kaşığı Yağsız Sade Yunan Yoğurt
- 1½ çay kaşığı Sıfır Kalorili 1:1 Pudra Şekeri İkamesi veya normal

TALİMATLAR:
a) Yulaf ununu, protein tozunu, fıstık ezmesi tozunu ve kakao tozunu bir mutfak robotunda işleyin.
b) Yunan Yoğurdu ve kırmızı gıda boyasını ekleyin ve bir hamur topu oluşturacak şekilde işlem yapın - yaklaşık 15 saniye; top oluştuğu anda durun.
c) Hamur topunu yuvarlayın ve ardından bir dikdörtgene (yaklaşık 10"x4", ¼" kalınlığında) yuvarlayın; Gerekirse uygun şekli oluşturmak için kenarların etrafındaki hurda parçaları kullanın.
ç) 2 yarıya bölün (her biri 5"x4").

DOLUMU YAPIN:
d) Bir kasede Yunan yoğurtunu ve vanilya protein tozunu çırpın.

MONTAJ VE PİŞİRME:
e) Bir hamur dikdörtgeni alın ve dolguyu ortasına yayın (kenardan yaklaşık ½ inç bırakın).
f) Diğer dikdörtgeni kapatıp kenarlarını çatalla kapatın.
g) Hava fritözü sepetine yerleştirin ve 400°F'de 7 dakika pişirin.
ğ) (veya yarıya kadar çevirerek 425°F'ta 8-9 dakika pişirin)
h) Birkaç dakika soğumaya bırakın.

BUZLANMA:
ı) Yoğurt ve tatlandırıcıyı bir kapta karıştırın ve soğumuş pop tartın üzerine yayın.
i) Varsa hamur kırıntılarını üzerine serpin.

2.Kefir Soslu Kırmızı Kadife Krep

İÇİNDEKİLER:

SÜSLEME
- ½ bardak sade kefir
- 2 yemek kaşığı pudra şekeri

KREP
- 1¾ su bardağı eski moda yulaf ezmesi
- 3 yemek kaşığı kakao tozu
- 1½ çay kaşığı kabartma tozu
- 1 çay kaşığı karbonat
- ¼ çay kaşığı tuz
- 3 yemek kaşığı akçaağaç şurubu
- 2 yemek kaşığı hindistancevizi yağı, eritilmiş
- 1½ bardak %2 az yağlı süt
- 1 büyük yumurta
- 1 çay kaşığı kırmızı gıda boyası
- Servis için çikolata talaşı veya cips

TALİMATLAR:

a) Üzeri için, her iki malzemeyi de küçük bir kaseye ekleyin ve birleşene kadar karıştırın. Bir kenara koyun.

b) Krepler için tüm malzemeleri yüksek hızlı bir karıştırıcıya ekleyin ve sıvılaştırmak için yüksek devirde çırpın. Her şeyin iyi harmanlandığından emin olun.

c) Hamuru 5 ila 10 dakika dinlendirin. Bu, tüm bileşenlerin bir araya gelmesini sağlar ve hamurun daha iyi bir kıvama sahip olmasını sağlar.

ç) Yapışmaz bir tavaya veya ızgaraya bolca bitkisel yağ püskürtün ve orta ateşte ısıtın.

d) Tava ısındığında, ¼ fincanlık ölçüm kabı kullanarak hamuru ekleyin ve krep yapmak için hamuru tavaya dökün. Gözlemeyi şekillendirmeye yardımcı olması için ölçüm kabını kullanın.

e) Kenarlar sabit görünene ve ortada kabarcıklar oluşana kadar 3 dakika pişirin, ardından krepi çevirin.

f) Krepin o tarafı da piştikten sonra pancake'i ocaktan alıp bir tabağa koyun.

g) Bu adımlara hamurun geri kalanıyla devam edin.

ğ) Üzerini süsleyip çikolata parçacıklarıyla süsleyip servis yapın.

3.Kırmızı Kadife Smoothie Kaseleri

İÇİNDEKİLER:
- 1 kavrulmuş pancar soğutulmuş
- 1 su bardağı dondurulmuş kiraz
- 1 muz doğranmış ve dondurulmuş
- ¼ bardak süt
- 3 yemek kaşığı kakao tozu
- 1 yemek kaşığı bal
- Süsleme fikirleri: kalp şeklinde meyve/pancar, muz, tohumlar, kuruyemişler, hindistan cevizi

TALİMATLAR:
a) Tüm malzemeleri pürüzsüz hale gelinceye kadar bir karıştırıcıda birleştirin, beğeninize göre bir kıvam ve tatlılığa ulaşmak için gerektiği kadar daha fazla süt ve bal ekleyin.
b) En sevdiğiniz fındık/tohumları, muz ve kakaoyu ekleyin.

4.Krem Peynir Dolgulu Kırmızı Kadife Krep

İÇİNDEKİLER:

- 2 yumurta
- 1 bardak süt
- ½ bardak su
- ½ çay kaşığı tuz
- 3 Yemek kaşığı tereyağı, eritilmiş
- 1 çay kaşığı şeker
- 1 çay kaşığı vanilya özü
- 1 su bardağı un
- 1½ yemek kaşığı kakao tozu
- İsteğe göre 5 damla kırmızı gıda boyası
- Krem Peynir Doldurma/Çiseleme

TALİMATLAR:

a) Yumurta, süt, su, tuz, şeker, vanilya ve 3 yemek kaşığı eritilmiş tereyağını bir karıştırıcıda birleştirin ve köpürene kadar yaklaşık 30 saniye çalıştırın.

b) Un ve kakao tozunu ekleyin ve pürüzsüz hale gelinceye kadar nabız atın.

c) Kullanıyorsanız gıda boyasını bu sırada ekleyin. Hamuru, nihai ürününüzün olmasını istediğinizden biraz daha parlak hale getirmeniz gerekecektir.

ç) Hamuru 30 dakika veya gece boyunca buzdolabında saklayın.

d) Kreplerinizi hazırlamaya hazır olduğunuzda, 1 yemek kaşığı tereyağını krep tavasında veya başka bir sığ kızartma tavasında ısıtın. ¼ bardak krep hamurunu ekleyip tavanın yüzeyini kaplayacak şekilde döndürmeden önce tereyağının tavanın tüm yüzeyini kapladığından emin olun.

e) Krepleri bir dakika pişirin, dikkatlice çevirin ve ardından diğer tarafını yarım dakika pişirin.

f) Çikolata sosu ve kalan krem peynir dolgusu ile süsleyin.

5.Kırmızı Kadife Tarçınlı Rulolar

İÇİNDEKİLER:
TARÇINLI RULOLAR İÇİN
- 4½ çay kaşığı kuru maya
- 2-½ su bardağı ılık su
- 15.25 ons Kırmızı Kadife kek karışımı kutusu
- 1 çay kaşığı vanilya özü
- 1 çay kaşığı tuz
- 5 su bardağı çok amaçlı un

TARÇIN ŞEKER KARIŞIMI İÇİN
- 2 su bardağı paketlenmiş esmer şeker
- 4 yemek kaşığı öğütülmüş tarçın
- ⅔ bardak tereyağı yumuşatılmış

KREM PEYNİR SOSU İÇİN
- Her biri 16 ons krem peynir, yumuşatılmış
- ½ su bardağı yumuşatılmış tereyağı
- 2 su bardağı pudra şekeri
- 1 çay kaşığı vanilya özü

TALİMATLAR:

a) Büyük bir karıştırma kabında maya ve suyu eriyene kadar birleştirin.
b) Kek karışımını, vanilyayı, tuzu ve unu ekleyin. İyice karıştırın - hamur biraz yapışkan olacaktır.
c) Kaseyi plastik ambalajla sıkıca kapatın. Hamuru bir saat kadar mayalanmaya bırakın. Hamuru yumruklayın ve 45 dakika daha tekrar yükselmesine izin verin.
ç) Hafifçe unlanmış bir yüzeyde, hamuru yaklaşık ¼ inç kalınlığında büyük bir dikdörtgen şeklinde yuvarlayın. Tereyağını hamurun her yerine eşit şekilde dağıtın.
d) Orta boy bir kapta esmer şekeri ve tarçını birleştirin. Esmer şeker karışımını tereyağının üzerine serpin.
e) Uzun kenarından başlayarak jöle gibi sarın. 24 eşit parçaya bölün.
f) İki adet 9x13 inçlik fırın tepsisini yağlayın. Tarçınlı rulo dilimlerini tavalara dizin. Üzerini örtüp ılık bir yerde hacmi iki katına çıkana kadar mayalandırın.
g) Fırını 350°F'ye önceden ısıtın.
ğ) 15-20 dakika veya tamamen pişene kadar pişirin.
h) Tarçınlı rulolar pişerken, krem peyniri ve tereyağını orta boy bir karıştırma kabında krema kıvamına gelinceye kadar krema haline getirerek krem peynir kremasını hazırlayın. Vanilyayı karıştırın. Yavaş yavaş pudra şekerini ekleyin.

6.Kırmızı Kadife Fırında Donutlar

İÇİNDEKİLER:

- 2 ¼ su bardağı un
- 1 yemek kaşığı kabartma tozu
- ½ çay kaşığı tuz
- ⅔ su bardağı şeker
- 1 yumurta
- 2 yemek kaşığı bitkisel yağ
- 2 yemek kaşığı kakao tozu
- 1 çay kaşığı vanilya
- ½ su bardağı az yağlı süt
- Kırmızı Yumuşak Jel Macun
- Sır

TALİMATLAR:

a) Fırını 350 dereceye kadar önceden ısıtın.
b) Donut tepsisine pişirme spreyi sıkın ve bir kenara koyun.
c) Orta boy bir kapta un, kabartma tozu ve tuzu birleştirin.
ç) İyice karıştırın ve bir kenara koyun.
d) Büyük bir kapta şekeri, yumurtayı ve bitkisel yağı karıştırın.
e) Kakao tozunu ve vanilyayı ekleyip iyice karıştırın.
f) İyice birleşene kadar sütü yavaşça karıştırın.
g) Kuru malzemeleri bir seferde yaklaşık yarım bardak olacak şekilde ekleyin ve her eklemeden sonra iyice karıştırın.
ğ) Birkaç damla kırmızı gıda boyası ekleyin ve hamur istediğiniz renge gelinceye kadar karıştırın.
h) Hamuru fermuarlı bir torbaya koyun ve kapatın.
ı) Ucu kesin ve çörek tepsisine sıkın, her çörek kabını ⅔'üne kadar doldurun.
i) Çöreklerin kararmamasına dikkat ederek 12-15 dakika pişirin.
j) Çöreklerin üst kısımlarını sosa batırın ve üzerine kalp veya şeker serpin.

7.Kırmızı Kadife Şişirilmiş Krep

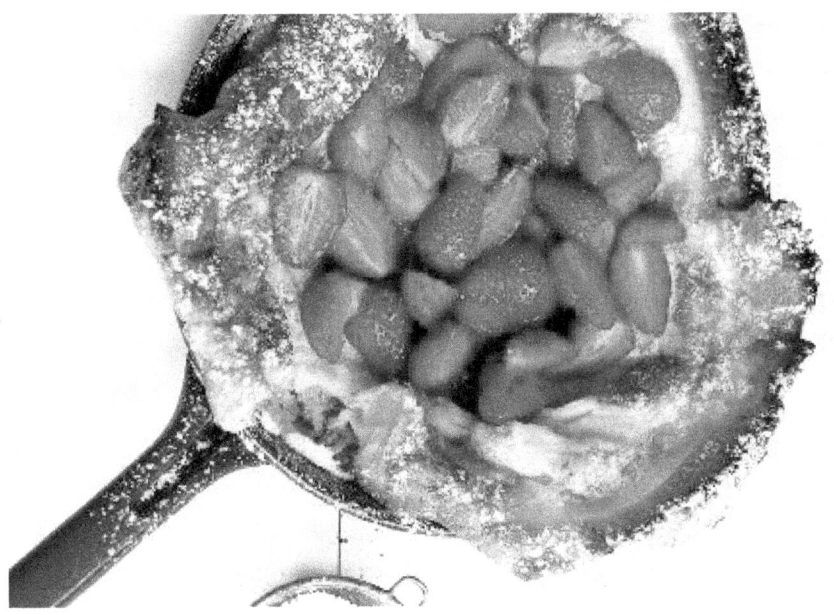

İÇİNDEKİLER:
- 4 büyük yumurta
- 1 bardak süt
- ¾ bardak + 2 yemek kaşığı çok amaçlı un
- 2 yemek kaşığı kakao tozu
- ¼ su bardağı toz şeker
- ¼ çay kaşığı koşer tuzu
- 1 çay kaşığı vanilya özü
- 2 yemek kaşığı tuzsuz tereyağı
- ½ çay kaşığı kırmızı jel gıda boyası
- Pişirme spreyi
- Sır

TALİMATLAR:
a) Fırını 400 derece F'ye önceden ısıtın
b) Yumurtaları, sütü, unu, kakao tozunu, şekeri, tuzu ve vanilyayı karıştırıcıya yerleştirin; iyice birleşene kadar karıştırın. Gıda boyasını ekleyin ve 30 saniye kadar karıştırın.
c) 10 inçlik dökme demir tavayı veya yapışmaz tavayı orta-yüksek ateşte ısıtın. Tereyağını ekleyip eritin. Hamuru tavaya dökün. Tavayı fırına koyun ve kızarıncaya, kabarıncaya ve yaklaşık 20-25 dakika pişene kadar pişirin.
ç) Krep fırındayken krem peynir sırını hazırlayın. Krem peynir ve tereyağını mikserle iyice karışana kadar 1-3 dakika çırpın. Sütü ekleyin ve birleştirmek için çırpın. Yavaş yavaş pudra şekerini ekleyin ve bir sır oluşana kadar karıştırın. Sırın dökülme kıvamına gelmesi için gerekirse bir çay kaşığı kadar daha fazla süt ekleyebilirsiniz.
d) Krepleri dilimler halinde kesin ve üzerine krem peynir sosu ve meyve ekleyerek servis yapın.

8.Kırmızı Kadife Peynirli Waffle

İÇİNDEKİLER:
- 1 yumurta
- 1 ons krem peynir
- 2 yemek kaşığı hindistan cevizi unu
- 1 yemek kaşığı ayran
- 2 çay kaşığı şekersiz tatlandırıcı
- ½ çay kaşığı kabartma tozu
- ½ çay kaşığı kakao tozu
- kırmızı gıda boyası

TALİMATLAR:
a) Waffle makinesini önceden ısıtın.
b) Tüm malzemeleri birlikte çırpın. İstediğiniz pembe veya kırmızı tonunu elde etmek için birkaç damla kırmızı gıda boyası ekleyin.
c) Mini waffle makinesi kullanıyorsanız, kırmızı kadife hamurunun yaklaşık ⅓'ünü waffle makinesine dökün.
ç) Waffle makinesini kapatın ve 3-5 dakika veya waffle altın kahverengi olana kadar pişmeye bırakın.
d) Waffle'ı waffle makinesinden çıkarın ve servis yapın.

9.Kırmızı Kadife Fransız Tostu

İÇİNDEKİLER:
- 8 dilim börek
- 3 büyük yumurta
- 1 bardak yarım buçuk krema %10MF
- 2 yemek kaşığı toz şeker
- 1 yemek kaşığı vanilya özü
- 2 yemek kaşığı kakao tozu
- 2-3 yemek kaşığı kırmızı gıda boyası
- ¼ çay kaşığı tuz
- Kızartmak için 2-3 yemek kaşığı tereyağı veya sıvı yağ
- Krem peynirli krema

TALİMATLAR:
a) Fırını 250F'ye önceden ısıtın. Brioche dilimlerini bir fırın tepsisine yerleştirin ve 15-20 dakika veya hafifçe kuruyana kadar pişirin. Dilimleri tamamen soğutun. Yumurtaları, kremayı, şekeri, vanilyayı, kakao tozunu, gıda boyasını ve tuzu birlikte çırpın.

b) Yumurta karışımını dilimlerin üzerine dökün.

c) Dilimleri birkaç dakikada bir çevirin ve hemen hemen her şey emilene kadar karışımı üzerlerine kaşıklayın. 10 dakika kadar.

ç) Bir tavayı orta ateşte ısıtın. Tereyağını ekleyin, ardından dilimleri tavaya yerleştirin. Her tarafı 2-3 dakika veya kızarana kadar pişirin.

10.Kırmızı Kadife Muzlu Ekmek

İÇİNDEKİLER:

- 1 kutu Kırmızı kadife kek karışımı
- 3 büyük yumurta
- ⅓ su bardağı sıvı yağ
- 1½ bardak muz püresi, yaklaşık 3 veya 4 muz
- 1 su bardağı kıyılmış ceviz

TALİMATLAR:

a) Fırını 350°F'ye önceden ısıtın. İki adet kek kalıbını yağlayıp unlayın.
b) Kuru kek karışımını, yumurtaları, yağı, ezilmiş muzları ve doğranmış cevizleri iyice karışana kadar karıştırın. Hamuru hazırlanan tavalara dökün.
c) 30 ila 35 dakika kadar veya ortasına yerleştirilen kürdan temiz çıkana kadar pişirin.
ç) Tavadan çıkarmadan önce 10 dakika boyunca fırından soğutma rafına çıkarın.
d) Tel raf üzerinde tamamen soğutun. İstenirse üzerine pudra şekeri serpilir.

11. Kırmızı Kadife Mochi Waffle

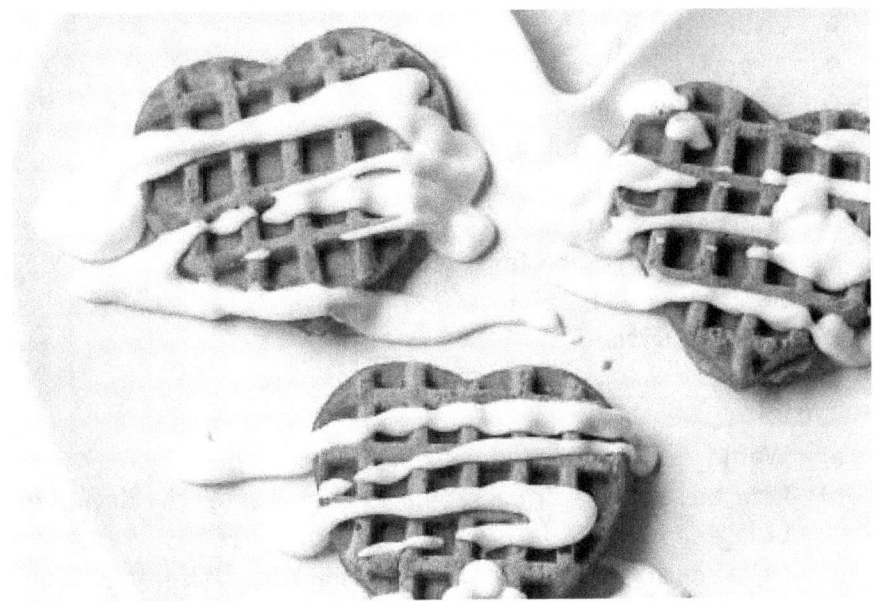

İÇİNDEKİLER:

- 1 ½ su bardağı süt
- 2 yumurta
- 2 yemek kaşığı kırmızı gıda boyası
- 1 çay kaşığı vanilya özü
- ½ çay kaşığı damıtılmış beyaz sirke
- 2 ½ su bardağı mochiko unu
- ½ su bardağı toz şeker
- 1 yemek kaşığı kabartma tozu
- 1 yemek kaşığı kakao tozu
- ½ çay kaşığı tuz

TALİMATLAR:

a) Waffle demirinizi önceden ısıtın.
b) Orta boy bir karıştırma kabına ıslak malzemeleri ekleyin ve iyice birleşene kadar çırpın. Bir kenara koyun.
c) Daha sonra geniş bir karıştırma kabına kuru malzemeleri ekleyin.
ç) İyice birleşene kadar çırpın.
d) Islak malzemeleri kuru olana ekleyin ve birleşene kadar karıştırın.
e) Waffle makinesinin yüzeyine yapışmaz pişirme spreyi püskürtün. Hamuru waffle makinesine dökün ve hafifçe kızarana kadar pişirin.

12.Kırmızı Kadife Turşu Yumurta

İÇİNDEKİLER:
- 6 yumurta
- 1 su bardağı beyaz sirke
- 1 kutu pancarın suyu
- ¼ bardak şeker
- ½ yemek kaşığı tuz
- 2 diş sarımsak
- 1 yemek kaşığı bütün karabiber
- 1 defne yaprağı

TALİMATLAR:
a) Su banyosunu 170 °F'ye önceden ısıtın.
b) Yumurtaları bir torbaya koyun. Torbayı kapatın ve banyoya yerleştirin. 1 saat pişirin.
c) 1 saat sonra yumurtaları soğuması için bir kase soğuk suya koyun ve dikkatlice soyun. Yumurtaları pişirdiğiniz poşette sirke, pancar suyu, şeker, tuz, sarımsak ve defne yaprağını birleştirin.
ç) Yumurtaları bir torbaya turşu sıvısıyla değiştirin. Su banyosuna koyun ve 1 saat daha pişirin.
d) 1 saat sonra yumurtaları turşu sıvısıyla birlikte buzdolabına taşıyın.
e) Yemeden önce tamamen soğumasını bekleyin.

13.Kırmızı Kadife Latkes

İÇİNDEKİLER:

- 1 su bardağı ince kıyılmış taze pancar
- 2 yemek kaşığı Mısır Nişastası
- 4 Yumurta sarısı çırpılmış
- ½ çay kaşığı Şeker
- 3 yemek kaşığı Ağır krema veya seyreltilmemiş buharlaştırılmış süt
- ½ çay kaşığı toz hindistan cevizi
- 1 çay kaşığı Tuz

TALİMATLAR:

a) Tüm malzemeleri bir karıştırma kabında birleştirin.
b) İyice karıştırın ve sıcak tereyağlı ızgarada veya ağır tavada gözleme tarzında pişirin.
c) Meyve marmelatı veya konserve ile servis yapın.

14.Kırmızı Kadife Hash

İÇİNDEKİLER:

- 1 kiloluk pancar, soyulmuş ve doğranmış
- ½ pound Yukon Altın patates, temizlenmiş ve doğranmış
- Kaba tuz ve taze çekilmiş karabiber
- 2 yemek kaşığı sızma zeytinyağı
- 1 küçük soğan, doğranmış
- 2 yemek kaşığı kıyılmış taze maydanoz
- 4 büyük yumurta

TALİMATLAR:

a) Yüksek kenarlı bir tavada pancar ve patatesleri suyla kaplayıp kaynatın. Tuz ekleyin ve yumuşayana kadar yaklaşık 7 dakika pişirin. Tavayı boşaltın ve silin.

b) Yağı bir tavada orta-yüksek ateşte ısıtın. Haşlanmış pancar ve patatesleri ekleyin ve patatesler altın rengine dönene kadar yaklaşık 4 dakika pişirin. Isıyı orta dereceye düşürün, soğanı ekleyin ve yumuşayana kadar karıştırarak yaklaşık 4 dakika pişirin. Baharatını ayarlayın ve maydanozu ekleyip karıştırın.

c) Karmada dört geniş kuyu yapın. Her birine bir yumurta kırın ve yumurtayı tuzla baharatlayın. Beyazlar katılaşana, ancak sarılar hala akıcı olana kadar 5 ila 6 dakika pişirin.

15.Kırmızı Kadife Yumurtalı Pizza

İÇİNDEKİLER:
PİZZA KABUK İÇİN:
- 1 su bardağı haşlanmış ve püre haline getirilmiş pancar
- ¾ bardak badem yemeği
- ⅓ su bardağı esmer pirinç unu
- ½ çay kaşığı tuz
- 2 çay kaşığı kabartma tozu
- 1 yemek kaşığı hindistancevizi yağı
- 2 çay kaşığı biberiye doğranmış
- 1 yumurta

TOPLAMALAR:
- 3 yumurta
- 2 dilim pişmiş pastırma ufalanmış
- avokado
- peynir

TALİMATLAR:
a) Fırını 375 dereceye kadar önceden ısıtın.
b) Pizza hamuru için tüm malzemeleri karıştırın.
c) 5 dakika pişirin.
ç) Çıkarın ve bir kaşığın veya dondurma kalıbının arkasını kullanarak 3 küçük "kuyu" açın.
d) 3 yumurtayı bu "kuyulara" bırakın.
e) 20 dakika pişirin.
f) Üzerine peynir ve pastırma ekleyin ve 5 dakika daha pişirin.
g) Daha fazla biberiye, peynir ve avokado ekleyin.

16.Kırmızı Kadife Yulaf Ezmesi Fırında

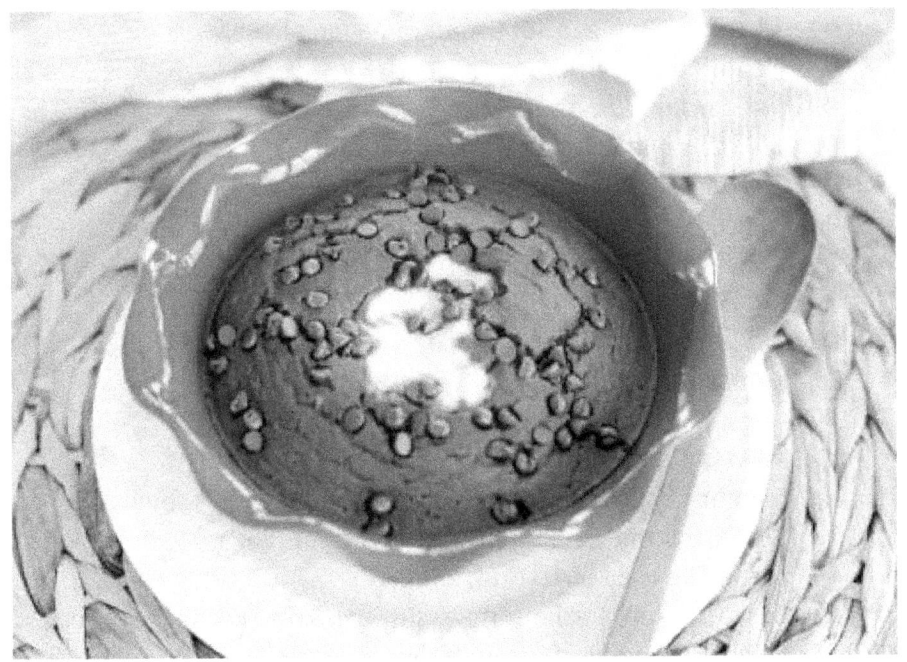

İÇİNDEKİLER:

- 1 su bardağı yulaf ezmesi
- 1 bardak süt (veya süt ürünü olmayan alternatif)
- 1 olgun muz, püresi
- 1/4 bardak kakao tozu
- 1/4 bardak bal veya akçaağaç şurubu
- 1/4 bardak Yunan yoğurdu
- 1 çay kaşığı vanilya özü
- 1/2 çay kaşığı kabartma tozu
- 1/4 çay kaşığı tuz
- 1/4 bardak çikolata parçacıkları (isteğe bağlı)
- Kırmızı gıda boyası (arzuya göre)

TALİMATLAR:

a) Fırınınızı önceden 350°F (175°C) ısıtın. Bir fırın kabını yağlayın.
b) Bir karıştırma kabında, yulaf ezmesini, kakao tozunu, kabartma tozunu ve tuzu birleştirin.
c) Başka bir kapta ezilmiş muz, süt, bal veya akçaağaç şurubu, Yunan yoğurdu ve vanilya özünü birlikte çırpın.
ç) Islak malzemeleri kuru malzemelerin içine dökün ve iyice birleşene kadar karıştırın.
d) İstenilen renk elde edilene kadar iyice karıştırarak kırmızı gıda boyasını ekleyin.
e) Kullanıyorsanız çikolata parçacıklarını katlayın.
f) Karışımı hazırlanan pişirme kabına dökün ve eşit şekilde dağıtın.
g) Önceden ısıtılmış fırında 25-30 dakika veya katılaşana kadar pişirin.
ğ) Piştikten sonra fırından çıkarın ve servis yapmadan önce biraz soğumasını bekleyin. Kırmızı Kadife Yulaf Ezmesi Fırınının tadını çıkarın!

17.Kırmızı kadife Kahvaltı Barları

İÇİNDEKİLER:

- 1 1/2 bardak çok amaçlı un
- 1 su bardağı yulaf ezmesi
- 1/2 su bardağı esmer şeker
- 1/4 bardak kakao tozu
- 1 çay kaşığı kabartma tozu
- 1/2 çay kaşığı tuz
- 1/2 su bardağı tuzsuz tereyağı, eritilmiş
- 1/4 bardak süt (veya süt ürünü olmayan alternatif)
- 1 çay kaşığı vanilya özü
- Kırmızı gıda boyası (arzuya göre)
- 1/2 su bardağı damla çikolata (isteğe bağlı)

TALİMATLAR:

a) Fırınınızı önceden 350°F (175°C) ısıtın. Bir fırın tepsisini yağlayın veya parşömen kağıdıyla hizalayın.

b) Büyük bir karıştırma kabında un, yulaf ezmesi, esmer şeker, kakao tozu, kabartma tozu ve tuzu birleştirin.

c) Eritilmiş tereyağını, sütü ve vanilya özünü kuru malzemelere ekleyin. İyice birleşene kadar karıştırın.

ç) İstenilen renk elde edilene kadar iyice karıştırarak kırmızı gıda boyasını ekleyin.

d) Kullanıyorsanız çikolata parçacıklarını katlayın.

e) Karışımı hazırlanan pişirme kabına bastırarak eşit şekilde dağıtın.

f) Önceden ısıtılmış fırında 20-25 dakika veya kenarları altın rengi olana ve ortasına batırdığınız kürdan temiz çıkana kadar pişirin.

g) Piştikten sonra fırından çıkarın ve çubuklara dilimlemeden önce tamamen soğumasını bekleyin. Kırmızı kadife Kahvaltı Barlarınızın tadını çıkarın!

18.Kırmızı Kadife Ekmek Pudingi

İÇİNDEKİLER:

- 6 su bardağı kuşbaşı ekmek (Fransız ekmeği veya brioche gibi)
- 2 bardak süt (veya süt ürünü olmayan alternatif)
- 4 yumurta
- 1/2 su bardağı toz şeker
- 1/4 bardak kakao tozu
- 1 çay kaşığı vanilya özü
- Kırmızı gıda boyası (arzuya göre)
- 1/2 su bardağı damla çikolata (isteğe bağlı)
- Üzerine serpmek için pudra şekeri (isteğe bağlı)
- Servis için çırpılmış krema (isteğe bağlı)

TALİMATLAR:

a) Fırınınızı önceden 350°F (175°C) ısıtın. Bir fırın kabını yağlayın.
b) Büyük bir karıştırma kabında süt, yumurta, şeker, kakao tozu ve vanilya özütünü birlikte çırpın.
c) İstenilen renk elde edilene kadar iyice karıştırarak kırmızı gıda boyasını ekleyin.
ç) Kullanıyorsanız çikolata parçacıklarını katlayın.
d) Küp şeklinde ekmeği karışıma ekleyin, tüm ekmeğin eşit şekilde kaplandığından emin olun.
e) Karışımı hazırlanan pişirme kabına eşit şekilde yayarak aktarın.
f) Önceden ısıtılmış fırında 30-35 dakika veya ekmek pudingi sertleşene ve üstü altın rengi kahverengi olana kadar pişirin.
g) Piştikten sonra fırından çıkarın ve servis yapmadan önce biraz soğumasını bekleyin.
ğ) İsteğe göre üzerine pudra şekeri serpip krem şanti ile servis yapın. Kırmızı Kadife Ekmek Pudinginizin tadını çıkarın!

19.Kırmızı Kadife Fırında Fransız Tostu

İÇİNDEKİLER:

- 1 somun Fransız ekmeği, dilimlenmiş
- 4 yumurta
- 1 bardak süt (veya süt ürünü olmayan alternatif)
- 1/4 su bardağı toz şeker
- 1/4 bardak kakao tozu
- 1 çay kaşığı vanilya özü
- Kırmızı gıda boyası (arzuya göre)
- Üzerine serpmek için pudra şekeri (isteğe bağlı)
- Servis için akçaağaç şurubu

TALİMATLAR:

a) Fırınınızı önceden 350°F (175°C) ısıtın. Bir fırın kabını yağlayın.
b) Dilimlenmiş Fransız ekmeğini hazırlanan pişirme kabına yerleştirin.
c) Bir karıştırma kabında yumurtaları, sütü, şekeri, kakao tozunu ve vanilya özütünü iyice birleşene kadar çırpın.
ç) İstenilen renk elde edilene kadar iyice karıştırarak kırmızı gıda boyasını ekleyin.
d) Yumurta karışımını ekmek dilimlerinin üzerine dökün, tüm ekmeğin eşit şekilde kaplandığından emin olun.
e) Pişirme kabını folyo ile örtün ve buzdolabında en az 30 dakika veya gece boyunca bekletin.
f) Pişirmeye hazır olduğunuzda folyoyu çıkarın ve önceden ısıtılmış fırında 25-30 dakika veya Fransız tostu sertleşip altın rengi kahverengi olana kadar pişirin.
g) Piştikten sonra fırından çıkarın ve servis yapmadan önce biraz soğumasını bekleyin.
ğ) Üzerine pudra şekeri serpip akçaağaç şurubuyla servis yapın. Kırmızı Kadife Fırında Fransız Tostunuzun tadını çıkarın!

20.Kırmızı Kadife Gözleme Fırında

İÇİNDEKİLER:

- 2 fincan çok amaçlı un
- 1/4 bardak kakao tozu
- 1/4 su bardağı toz şeker
- 2 çay kaşığı kabartma tozu
- 1/2 çay kaşığı karbonat
- 1/2 çay kaşığı tuz
- 2 bardak ayran
- 2 yumurta
- 1/4 bardak tuzsuz tereyağı, eritilmiş
- 1 çay kaşığı vanilya özü
- Kırmızı gıda boyası (arzuya göre)
- 1/2 su bardağı damla çikolata (isteğe bağlı)

TALİMATLAR:

a) Fırınınızı önceden 350°F (175°C) ısıtın. 9x13 inçlik bir pişirme kabını yağlayın.
b) Büyük bir karıştırma kabında çok amaçlı un, kakao tozu, toz şeker, kabartma tozu, kabartma tozu ve tuzu birleştirin. İyice karıştırın.
c) Başka bir kapta ayran, yumurta, eritilmiş tuzsuz tereyağı, vanilya özü ve kırmızı gıda boyasını iyice birleşene kadar çırpın.
ç) Islak malzemeleri kuru malzemelerin içine dökün ve birleşene kadar karıştırın. Fazla karıştırmamaya dikkat edin; birkaç topak iyidir. İstenirse çikolata parçacıklarını da katlayın.
d) Hazırlanan pişirme kabına hamuru dökün ve eşit şekilde dağıtın.
e) Önceden ısıtılmış fırında 20-25 dakika veya ortasına batırdığınız kürdan temiz çıkana kadar pişirin.
f) Piştikten sonra fırından çıkarın ve dilimleyip servis etmeden önce birkaç dakika soğumasını bekleyin.
g) Akçaağaç şurubu, çırpılmış krema veya taze meyveler gibi en sevdiğiniz soslarla sıcak olarak servis yapın.

21.Kırmızı Kadife Çörekler

İÇİNDEKİLER:

- 2 fincan çok amaçlı un
- 1/2 su bardağı toz şeker
- 1 yemek kaşığı kakao tozu
- 1 yemek kaşığı kabartma tozu
- 1/2 çay kaşığı tuz
- 1/2 bardak tuzsuz tereyağı, soğuk ve küp şeklinde
- 1/2 bardak ayran
- 1 yemek kaşığı kırmızı gıda boyası
- 1 çay kaşığı vanilya özü
- 1/2 su bardağı beyaz çikolata parçaları

TALİMATLAR:

a) Fırınınızı önceden 200°C'ye (400°F) ısıtın ve fırın tepsisini parşömen kağıdıyla kaplayın.
b) Büyük bir kapta un, şeker, kakao tozu, kabartma tozu ve tuzu birlikte çırpın.
c) Karışım iri kırıntılara benzeyene kadar soğuk tereyağını bir pasta kesici veya çatal kullanarak kesin.
ç) Ayrı bir kapta ayran, kırmızı gıda boyası ve vanilya özütünü birlikte çırpın. Islak malzemeleri kuru malzemelerin içine dökün ve birleşene kadar karıştırın.
d) Beyaz çikolata parçacıklarını yavaşça katlayın.
e) Hamuru unlu bir yüzeye alıp birkaç kez hafifçe yoğurun. Hamuru yaklaşık 1 inç kalınlığında bir daireye yerleştirin.
f) Daireyi 8 parçaya bölün ve hazırlanan fırın tepsisine aktarın.
g) 15-18 dakika veya çörekler hafif altın rengi olana kadar pişirin. Tamamen soğuması için tel rafa aktarmadan önce birkaç dakika fırın tepsisinde soğumaya bırakın. Bir fincan çay veya kahvenin yanında kırmızı kadife çöreklerinizin tadını çıkarın!

22.Kırmızı Kadife Kahvaltı Kurabiyeleri

İÇİNDEKİLER:
- 1 1/2 bardak çok amaçlı un
- 1/4 su bardağı şekersiz kakao tozu
- 1 çay kaşığı kabartma tozu
- 1/4 çay kaşığı karbonat
- 1/4 çay kaşığı tuz
- 1/2 bardak tuzsuz tereyağı, yumuşatılmış
- 1/2 su bardağı toz şeker
- 1/2 su bardağı paketlenmiş esmer şeker
- 1 büyük yumurta
- 1 çay kaşığı vanilya özü
- 1 yemek kaşığı kırmızı gıda boyası
- 1/2 su bardağı beyaz çikolata parçaları

TALİMATLAR:

a) Fırınınızı önceden 350°F (175°C) ısıtın. Bir fırın tepsisini parşömen kağıdıyla hizalayın.
b) Orta boy bir karıştırma kabında çok amaçlı un, kakao tozu, kabartma tozu, kabartma tozu ve tuzu birlikte çırpın. Bir kenara koyun.
c) Büyük bir karıştırma kabında yumuşatılmış tuzsuz tereyağını, toz şekeri ve esmer şekeri hafif ve kabarık olana kadar krema haline getirin.
ç) Yumurtayı, vanilya özütünü ve kırmızı gıda boyasını iyice birleşene kadar çırpın.
d) Kuru malzemeleri yavaş yavaş ıslak malzemelere ekleyin ve birleşene kadar karıştırın.
e) Beyaz çikolata parçacıklarını hamurun her tarafına eşit şekilde dağılıncaya kadar katlayın.
f) Bir kurabiye kepçesi veya kaşık kullanarak, yuvarlak yemek kaşığı hamurları hazırlanan fırın tepsisine yaklaşık 2 inç aralıklarla bırakın.
g) Her kurabiye hamuru topunu kaşığın tersiyle veya parmak uçlarınızla yavaşça düzleştirin.
ğ) Önceden ısıtılmış fırında 10-12 dakika veya kenarları sertleşene ve ortaları hafifçe yumuşayana kadar pişirin.
h) Fırından çıkarın ve kurabiyeleri fırın tepsisinde 5 dakika soğumaya bırakın, ardından tamamen soğumaları için tel rafa aktarın.
ı) Soğuduktan sonra servis yapın ve lezzetli Kırmızı Kadife Kahvaltı Kurabiyelerinizin tadını çıkarın!

23.Kırmızı Kadife Donutlar

İÇİNDEKİLER:
- 2 fincan çok amaçlı un
- 1/2 bardak şekersiz kakao tozu
- 1 1/2 çay kaşığı kabartma tozu
- 1/2 çay kaşığı karbonat
- 1/2 çay kaşığı tuz
- 3/4 su bardağı toz şeker
- 2 büyük yumurta
- 1 çay kaşığı vanilya özü
- 1 yemek kaşığı kırmızı gıda boyası
- 1 bardak ayran
- 1/4 bardak tuzsuz tereyağı, eritilmiş

GLAZÜR İÇİN:
- 1 1/2 su bardağı pudra şekeri
- 3-4 yemek kaşığı süt
- 1/2 çay kaşığı vanilya özü

TALİMATLAR:
a) Fırınınızı önceden 350°F (175°C) ısıtın ve çörek tepsisini yağlayın.
b) Bir kapta un, kakao tozu, kabartma tozu, kabartma tozu ve tuzu birlikte çırpın.
c) Başka bir kapta şekeri, yumurtaları, vanilya özütünü ve kırmızı gıda boyasını iyice birleşene kadar çırpın. Ayran ve eritilmiş tereyağını karıştırın.
ç) Kuru malzemeleri yavaş yavaş ıslak karışıma ekleyin ve birleşene kadar karıştırın.
d) Hazırladığınız çörek tepsisine hamuru kaşıkla dökün ve her boşluğun yaklaşık 2/3'ünü doldurun.
e) 10-12 dakika veya ortasına batırdığınız kürdan temiz çıkana kadar pişirin. Tamamen soğuması için tel rafa aktarmadan önce donutların tavada birkaç dakika soğumasını bekleyin.
f) Sır yapmak için pudra şekeri, süt ve vanilya özünü pürüzsüz hale gelinceye kadar çırpın.
g) Soğutulmuş donutları sosa batırın ve donması için tekrar tel ızgaranın üzerine yerleştirin.

24.Peynir Sırlı Kırmızı Kadife Kek Çörekleri

İÇİNDEKİLER:
DONUTLAR İÇİN:
- 1 1/4 bardak çok amaçlı un
- 1/4 su bardağı şekersiz kakao tozu
- 1 çay kaşığı kabartma tozu
- 1/2 çay kaşığı karbonat
- 1/4 çay kaşığı tuz
- 1/2 su bardağı toz şeker
- 1/2 bardak ayran
- 1 büyük yumurta
- 2 yemek kaşığı tuzsuz tereyağı, eritilmiş
- 1 çay kaşığı vanilya özü
- 1 yemek kaşığı kırmızı gıda boyası

GLAZÜR İÇİN:
- 4 ons krem peynir, yumuşatılmış
- 1 su bardağı pudra şekeri
- 1-2 yemek kaşığı süt
- 1/2 çay kaşığı vanilya özü

TALİMATLAR:

a) Fırınınızı önceden 350°F (175°C) ısıtın ve çörek tepsisini yağlayın.
b) Büyük bir kapta un, kakao tozu, kabartma tozu, kabartma tozu, tuz ve toz şekeri birlikte çırpın.
c) Başka bir kapta ayran, yumurta, eritilmiş tereyağı, vanilya özü ve kırmızı gıda boyasını birlikte çırpın.
ç) Islak malzemeleri kuru malzemelerin içine dökün ve birleşene kadar karıştırın.
d) Hazırladığınız çörek tepsisine hamuru kaşıkla dökün ve her boşluğun yaklaşık 2/3'ünü doldurun.
e) 10-12 dakika veya çöreklere batırılan kürdan temiz çıkana kadar pişirin.
f) Donutların tamamen soğuması için tel rafa aktarmadan önce birkaç dakika tavada soğumasını bekleyin.
g) Sır yapmak için krem peynir, pudra şekeri, süt ve vanilya özünü pürüzsüz hale gelinceye kadar çırpın.
ğ) Soğutulmuş donutları sosa batırın ve donması için tekrar tel ızgaranın üzerine yerleştirin.

25. Streusel Soslu Kırmızı Kadife Muffinler

İÇİNDEKİLER:
- 1 1/2 bardak çok amaçlı un
- 1/2 su bardağı toz şeker
- 2 yemek kaşığı şekersiz kakao tozu
- 1 çay kaşığı kabartma tozu
- 1/2 çay kaşığı karbonat
- 1/4 çay kaşığı tuz
- 1 büyük yumurta
- 3/4 bardak ayran
- 1/3 su bardağı bitkisel yağ
- 1 çay kaşığı vanilya özü
- 1 yemek kaşığı kırmızı gıda boyası
- 1/2 su bardağı kıyılmış fındık veya ceviz (isteğe bağlı)

STRESEL ÜSTÜ İÇİN:
- 1/4 bardak çok amaçlı un
- 1/4 su bardağı toz şeker
- 2 yemek kaşığı tuzsuz tereyağı, soğuk

TALİMATLAR:
a) Fırınınızı önceden 375°F (190°C) ısıtın. Muffin kalıplarını kağıtla kaplayın veya kapları yağlayın.
b) Büyük bir kapta un, şeker, kakao tozu, kabartma tozu, kabartma tozu ve tuzu birlikte çırpın.
c) Başka bir kapta yumurtayı, ayranı, bitkisel yağı, vanilya özütünü ve kırmızı gıda boyasını iyice birleşene kadar çırpın.
ç) Islak malzemeleri kuru malzemelerin içine dökün ve birleşene kadar karıştırın. Kullanıyorsanız doğranmış fındıkları ekleyin.
d) Her muffin kabının yaklaşık 2/3'ünü hamurla doldurun.
e) Streusel sos için küçük bir kapta un ve şekeri birleştirin. Karışım iri kırıntılara benzeyene kadar soğuk tereyağını kesin.
f) Streusel sosunu her fincandaki muffin hamurunun üzerine serpin.
g) 18-20 dakika veya ortasına batırdığınız kürdan temiz çıkana kadar pişirin.
ğ) Muffinlerin tamamen soğuması için tel rafa aktarmadan önce birkaç dakika tavada soğumasını bekleyin.

26.Kırmızı Kadife Muzlu Ekmek

İÇİNDEKİLER:

- 2 adet olgun muz, püresi
- 1/2 su bardağı tuzsuz tereyağı, eritilmiş
- 3/4 su bardağı toz şeker
- 1 büyük yumurta
- 1 çay kaşığı vanilya özü
- 1 1/2 bardak çok amaçlı un
- 1/4 su bardağı şekersiz kakao tozu
- 1 çay kaşığı karbonat
- 1/4 çay kaşığı tuz
- 1/2 bardak ayran
- 1 yemek kaşığı kırmızı gıda boyası
- 1/2 su bardağı beyaz çikolata parçacıkları (isteğe bağlı)

TALİMATLAR:

a) Fırınınızı önceden 350°F (175°C) ısıtın. 9x5 inçlik bir somun tavasını yağlayın.

b) Büyük bir kapta muz püresini, eritilmiş tereyağını, şekeri, yumurtayı ve vanilya özünü birleştirin.

c) Başka bir kapta un, kakao tozu, kabartma tozu ve tuzu birlikte çırpın.

ç) Kuru malzemeleri yavaş yavaş ıslak malzemelere ekleyin, ayranla dönüşümlü olarak ekleyin ve birleşene kadar karıştırın.

d) Hamur istediğiniz kırmızı tona ulaşıncaya kadar kırmızı gıda boyasını karıştırın.

e) Kullanıyorsanız beyaz çikolata parçacıklarını katlayın.

f) Hazırladığınız kek kalıbına hamuru dökün ve üzerini spatulayla düzeltin.

g) 50-60 dakika veya ortasına batırdığınız kürdan temiz çıkana kadar pişirin.

ğ) Ekmeğin tamamen soğuması için tel rafa aktarmadan önce 10 dakika boyunca tavada soğumasını bekleyin.

27.Kırmızı kadife Çay Kekleri

İÇİNDEKİLER:
- ¼ bardak Tereyağı
- 1 su bardağı Şeker
- 1 bardak Süt
- 2 yumurta
- 2 bardak un
- 3 çay kaşığı Kabartma tozu
- 1 tutam Tuz
- 3 damla Kırmızı gıda boyası
- 1¼ çay kaşığı Limon özü

TALİMATLAR:
a) Malzemeleri birlikte kremalayın.
b) Fırını 375 dereceye kadar önceden ısıtın.
c) Cupcake tepsisinde 20 dakika kadar pişirin.

28.Kırmızı Kadife Doldurulmuş Krep

İÇİNDEKİLER:
PARKEK HAMURU İÇİN:
- 1 ½ su bardağı çok amaçlı un
- 2 yemek kaşığı şekersiz kakao tozu
- 1 çay kaşığı kabartma tozu
- ½ çay kaşığı karbonat
- ¼ çay kaşığı tuz
- 2 yemek kaşığı toz şeker
- 1 bardak ayran
- ½ bardak tam yağlı süt
- 2 büyük yumurta
- 2 yemek kaşığı tuzsuz tereyağı, eritilmiş
- 1 çay kaşığı vanilya özü
- Kırmızı gıda boyası (gerektiği kadar)

KREM PEYNİR DOLGUSU İÇİN:
- 4 ons krem peynir, yumuşatılmış
- ¼ su bardağı pudra şekeri
- ½ çay kaşığı vanilya özü

TALİMATLAR:

PARKEK HAMURUNUN HAZIRLANIŞI:

a) Büyük bir karıştırma kabında un, kakao tozu, kabartma tozu, kabartma tozu, tuz ve toz şekeri birlikte eleyin.
b) Başka bir kapta ayran, tam yağlı süt, yumurta, eritilmiş tereyağı, vanilya özü ve kırmızı gıda boyasını iyice birleşene kadar çırpın.
c) Islak malzemeleri kuru malzemelerin içine dökün ve birleşene kadar karıştırın. Fazla karıştırmamaya dikkat edin. Hamur pürüzsüz ve biraz kalın olmalıdır.

KREM PEYNİR DOLGUSUNUN HAZIRLANIŞI:

ç) Ayrı bir kapta yumuşatılmış krem peyniri, pudra şekerini ve vanilya özünü pürüzsüz ve kremsi bir kıvama gelinceye kadar çırpın. Bir kenara koyun.

KREPLERİN PİŞİRİLMESİ:

d) Yapışmaz bir tavayı veya ızgarayı orta ateşte ısıtın ve tereyağı veya pişirme spreyi ile hafifçe yağlayın.
e) Her gözleme için tavaya yaklaşık ¼ bardak krep hamuru dökün.
f) Her gözlemenin ortasına bir kaşık krem peynir dolgusu dökün.
g) Krem peynir dolgusunu biraz daha gözleme hamuruyla kaplayarak içini kapatın.
ğ) Kreplerin yüzeyinde kabarcıklar oluşana ve kenarları sertleşene kadar pişirin, ardından çevirin ve her iki tarafı da altın rengi kahverengi olana kadar 1-2 dakika daha pişirin.
h) Kırmızı Kadife Dolmalı Krepleri sıcak olarak servis edin.
ı) İsteğe bağlı olarak servis yapmadan önce üzerine çırpılmış krema, çikolata talaşı veya biraz akçaağaç şurubu ekleyin.

29.Taze Çilekli Mochi Muffin

İÇİNDEKİLER:

- 2 yumurta
- 1 bardak herhangi bir süt
- ⅓ ila ½ bardak yoğunlaştırılmış süt
- Daha fazla tatlılık için isteğe bağlı olarak bir çorba kaşığı veya iki toz şeker ekleyin
- Bir damla kırmızı gıda boyası jeli (daha pembe bir tat için isteğe bağlı)
- 1 çay kaşığı miso veya büyük bir tutam tuz
- 2 yemek kaşığı herhangi bir nötr yağ veya eritilmiş tuzsuz tereyağı
- Bir avuç taze çilek (artı 2 adet doğranmış)
- 228 gr yapışkan pirinç unu (Mochiko)
- 1 çay kaşığı kabartma tozu
- Biraz vanilya özütü (isteğe bağlı)

TALİMATLAR:

a) Fırını ortasında bir raf olacak şekilde 350°F'ye önceden ısıtın. 12 fincanlık muffin kalıbını muffin veya kek kalıplarıyla yağlayın veya hizalayın.

b) Bir karıştırıcıda alttaki tüm ıslak malzemeleri birleştirin: yumurta, süt, yoğunlaştırılmış süt, şeker (kullanılıyorsa), kırmızı gıda boyası jeli (kullanılıyorsa), miso veya tuz, eritilmiş yağ veya tereyağı, taze çilek, doğranmış çilek, yapışkan pirinç unu, kabartma tozu ve vanilya özü (kullanılıyorsa).

c) Pürüzsüz, homojen, akıcı fakat kalın bir hamur elde edinceye kadar karıştırın.

ç) Hamuru muffin tepsisine dökün ve en az 40 dakika veya batırdığınız kürdan veya bambu şiş temiz çıkana kadar pişirin. Biraz yapışkan kalıntı kabul edilebilir. Üst kısımların çatlamasını önlemek için yaklaşık 15 dakika sonra fırının sıcaklığını düşürün.

d) Muffinlerin sıcak tavanın içinde birkaç dakika beklemesine izin verin, ardından tel raf üzerinde oda sıcaklığında tamamen soğumaya bırakın.

e) Servis yapmadan önce üzerine şekerleme şekeri serpin, taze doğranmış çilekleri ekleyin veya üzerine biraz daha yoğunlaştırılmış süt gezdirin.

f) Servis yapın ve tadını çıkarın.

30.Kırmızı Kadife Nutella Mochi Muffin

İÇİNDEKİLER:

- 1 su bardağı yapışkan pirinç unu (mochiko)
- ½ bardak kakao tozu
- ½ bardak) şeker
- 1 çay kaşığı kabartma tozu
- ¼ çay kaşığı tuz
- 2 büyük yumurta
- 1 bardak ayran
- ¼ bardak tuzsuz tereyağı, eritilmiş
- 1 çay kaşığı vanilya özü
- 2 yemek kaşığı kırmızı gıda boyası
- Doldurmak için Nutella

TALİMATLAR:

a) Fırını önceden 350°F'ye (175°C) ısıtın. Muffin kalıbını yağlayın veya kağıt astarlarla hizalayın.
b) Büyük bir kapta yapışkan pirinç unu, kakao tozu, şeker, kabartma tozu ve tuzu birlikte çırpın.
c) Ayrı bir kapta yumurtaları çırpın, ardından ayran, eritilmiş tereyağı, vanilya özü ve kırmızı gıda boyasını ekleyin. İyice karıştırın.
ç) Islak malzemeleri yavaş yavaş kuru malzemelere ekleyin, birleşene kadar karıştırın.
d) Her muffin kabına az miktarda hamur dökün ve altta ince bir tabaka oluşturun.
e) Her bardağın ortasına küçük bir parça Nutella ekleyin.
f) Her bardağın yaklaşık ¾'ü dolana kadar Nutella'yı daha fazla hamurla kaplayın.
g) Önceden ısıtılmış fırında 15-20 dakika veya ortasına batırdığınız kürdan temiz çıkana kadar pişirin.
ğ) Muffinlerin kalıpta 10 dakika soğumasını bekleyin, ardından tamamen soğuması için tel rafa aktarın.
h) Soğuduktan sonra, leziz Kırmızı Kadife Nutella Mochi Muffinleri ısırın ve lezzetlerin enfes birleşiminin tadını çıkarın!

31.Çilekli Margarita Krep

İÇİNDEKİLER:
- 2 su bardağı kendiliğinden kabaran un
- 1/2 su bardağı toz beyaz şeker
- 1/4 su bardağı süt
- 1/3 su bardağı bitkisel yağ
- 3 yumurta
- 2 yemek kaşığı kırmızı gıda boyası
- 2 yemek kaşığı saf çilek özü
- 1 çay kaşığı vanilya özü
- 1 bardak gümüş tekila
- 1 litre çilek, durulanmış ve dilimlenmiş
- Süslemek için krem şanti
- Süslemek için pembe şeker serpin
- Garnitür için 1 limonun kabuğu rendesi
- Kireç Şurubu, tarifi aşağıdadır

KİREÇ ŞURUBU:
- 6 yemek kaşığı limon suyu
- 1 su bardağı pudra şekeri

TALİMATLAR:
a) Unu ve şekeri karıştırın.
b) Sıvı yağ, süt ve yumurtayı ekleyip çırpın. Gıda boyasını ve özlerini ekleyin ve iyice karıştırın. Tekilayı karıştırın.
c) Tavayı 300 derece F'ye ısıtın. Hamuru büyük kaşık dolusu tavaya dökün. Kreplerin üzerinde kabarcıklar görünmeye başladığında, her krepin üstüne 1 ila 2 çilek dilimi ekleyin ve çevirin.
ç) 30 saniye ila 1 dakika daha pişirin ve ardından pankeklerin çilekli tarafı yukarı bakacak şekilde yağlı kağıdın üzerine soğuması için yerleştirin.
d) Taze çilekleri sergilemek için bunları bu şekilde (baş aşağı!) istifleyin.
e) Krepleri çırpılmış krema, bir tutam pembe şeker serpintisi, limon kabuğu rendesi ve Limon Şurubu ile süsleyin.

KİREÇ ŞURUBU:
f) Pudra şekeri ve limon suyunu küçük bir tencerede birleştirin.
g) Orta-düşük ateşte kaynamaya getirin.
ğ) Çözündükten sonra ocaktan alın ve soğumaya bırakın.

32.Godiva Donutları

İÇİNDEKİLER:
KIRMIZI KADİFE DONUTLAR İÇİN:
- 1 fincan çok amaçlı un
- ¼ fincan şekersiz kakao tozu
- ½ çay kaşığı kabartma tozu
- ¼ çay kaşığı karbonat
- ¼ çay kaşığı tuz
- ¼ bardak tuzsuz tereyağı, yumuşatılmış
- ½ su bardağı toz şeker
- 1 büyük yumurta
- 1 çay kaşığı vanilya özü
- ½ bardak ayran
- 1 yemek kaşığı kırmızı gıda boyası

KREM PEYNİR SIRASI İÇİN:
- 4 ons krem peynir, yumuşatılmış
- 1 su bardağı pudra şekeri
- 2-3 yemek kaşığı süt
- ½ çay kaşığı vanilya özü

GODIVA ÇİKOLATA ÇİSESİ İÇİN:
- 2 ons Godiva bitter çikolata, doğranmış

TALİMATLAR:

a) Fırınınızı önceden 350°F (175°C) ısıtın. Donut tepsisini pişirme spreyi veya tereyağıyla yağlayın.
b) Bir karıştırma kabında un, kakao tozu, kabartma tozu, kabartma tozu ve tuzu birlikte çırpın. Bu kuru karışımı bir kenara koyun.
c) Başka bir karıştırma kabında yumuşatılmış tereyağını ve toz şekeri hafif ve kabarık olana kadar krema haline getirin.
ç) Yumurta ve vanilya özütünü iyice birleşene kadar çırpın.
d) Kuru malzemeleri yavaş yavaş ıslak malzemelere ekleyin, iki veya üç seferde ayran ile dönüşümlü olarak ekleyin. Kuru malzemelerle başlayın ve bitirin.
e) İstediğiniz rengi elde edene kadar kırmızı gıda boyasını karıştırın.
f) Kırmızı kadife çörek hamurunu bir sıkma torbasına veya köşesi kesilmiş plastik bir fermuarlı torbaya aktarın.
g) Hamuru hazırlanan çörek tepsisine sıkın ve her boşluğun yaklaşık ⅔'ünü doldurun.
ğ) Çörekleri önceden ısıtılmış fırında 10-12 dakika veya çörek içine batırdığınız kürdan temiz çıkana kadar pişirin.
h) Çöreklerin tavada birkaç dakika soğumasını bekleyin, ardından tamamen soğuması için tel rafa aktarın.

KREM PEYNİR SIRASINI HAZIRLAYIN:

ı) Bir karıştırma kabında yumuşatılmış krem peyniri pürüzsüz hale gelinceye kadar çırpın.
i) Yavaş yavaş pudra şekeri, süt ve vanilya özünü ekleyin ve sır pürüzsüz ve kremsi olana kadar karıştırın.
j) Soğutulmuş her çörekleri krem peynir sırına batırın ve fazlalığın damlamasını sağlayın.

GODIVA ÇİKOLATA ÇEREZİNİ HAZIRLAYIN:

k) Kıyılmış Godiva bitter çikolatasını mikrodalgada 20 saniyelik aralıklarla, pürüzsüz hale gelinceye kadar karıştırarak eritin.
l) Eritilmiş Godiva bitter çikolatasını krem peynirle kaplı donutların üzerine gezdirin.
m) Kırmızı kadife Godiva Donutlarınızı servis etmeden önce sırın ve çikolata damlasının donmasını bekleyin.

MEZELER VE ATIŞTIRMALIKLAR

33.Kırmızı Kadife Bombalar

İÇİNDEKİLER:

- 100 gram Bitter Çikolata, %90
- 1 Çay Kaşığı Vanilya Ekstraktı, Şekersiz
- ⅓ bardak Krem Peynir, Yumuşatılmış
- 3 yemek kaşığı Stevia
- 4 Damla Kırmızı Gıda Boyası
- ⅓ Bardak Esrar Ağır Krema, Çırpılmış

TALİMATLAR:

a) Çikolatanızı mikrodalgaya dayanıklı bir kapta on saniyelik aralıklarla mikrodalgada ısıtın.
b) Krem şanti hariç diğer tüm malzemeleri geniş bir karıştırma kabında birleştirin.
c) El mikseri ile karıştırarak tamamen pürüzsüz olduğundan emin olun.
ç) Eritilmiş çikolatayı ekleyip iki dakika daha karıştırmaya devam edin.
d) Sıkma torbasını yarıya kadar karışımla doldurun, hazırlanmış bir fırın tepsisine sıkın ve kırk dakika buzdolabına koyun.
e) Servis yapmadan önce üzerine bir parça çırpılmış krema ekleyin.

34.Kırmızı Kadife Balkabağı Barları

İÇİNDEKİLER:
- Küçük pişmiş pancar, 2
- Hindistan cevizi unu, ¼ bardak
- Organik kabak çekirdeği yağı, 1 yemek kaşığı
- Hindistan cevizi sütü, ¼ bardak
- Vanilyalı peynir altı suyu, ½ bardak
- %85 bitter çikolata, eritilmiş

TALİMATLAR:
a) Çikolata dışındaki tüm kuru malzemeleri birleştirin.
b) Sütü kuru malzemelerin üzerine karıştırın ve iyice bağlayın.
c) Orta boy çubuklar halinde şekillendirin.
ç) Çikolatayı mikrodalgada eritin ve birkaç saniye soğumasını bekleyin.
d) Şimdi her bir çubuğu eritilmiş çikolataya batırın ve iyice kaplayın.
e) Çikolata sertleşene ve sertleşene kadar buzdolabında saklayın.
f) Eğlence.

35.Kırmızı Kadife Şekerleme Protein Barları

İÇİNDEKİLER:
- Kavrulmuş pancar püresi, 1 su bardağı
- Vanilya fasulyesi ezmesi, 1 çay kaşığı
- Şekersiz soya sütü, ½ bardak
- Fındık ezmesi, ½ bardak
- Pembe Himalaya tuzu, ⅛ çay kaşığı
- Ekstrakt, 2 çay kaşığı
- Ham stevia, ¾ bardak
- Yulaf unu, ½ su bardağı
- Protein tozu, 1 su bardağı

TALİMATLAR:
a) Tereyağını bir tencerede eritin ve yulaf unu, protein tozu, pancar püresi, vanilya, ekstrakt, tuz ve steviayı ekleyin. Birleşene kadar karıştırın.
b) Şimdi soya sütü ekleyin ve iyice karışana kadar karıştırın.
c) Karışımı bir tavaya aktarın ve 25 dakika buzdolabında bekletin.
ç) Karışım sertleştiğinde 6 bara bölün ve keyfini çıkarın.

36.Kırmızı Kadife Köpek Yemi

İÇİNDEKİLER:
- 15.25 ons kırmızı kadife kek karışımı
- 1 su bardağı pudra şekeri
- 12 ons beyaz çikolata
- 8 ons yarı tatlı çikolata
- 2 yemek kaşığı ağır krema, oda sıcaklığında
- 12 ons Chex mısır gevreği
- 10 ons M&M's
- ⅛ Bardak renginde sprinkler

TALİMATLAR:
a) Fırınınızı 350°F'ye önceden ısıtın.
b) Kırmızı kadife kek karışımını parşömen kağıdıyla kaplı bir fırın tepsisine yayın.
c) Fırında 5-8 dakika pişirin.
   Fırından çıkar ve soğumaya bırak.
ç) Kek karışımını ve pudra şekerini açılıp kapanabilir bir torbaya ekleyin ve iyice karışması için çalkalayın. Bir tarafa koyun.
d) Bir kasede çikolatayı parçalayın ve çikolata tamamen eriyene kadar arada karıştırarak 30 saniyelik artışlarla mikrodalgada ısıtın.
e) Kremayı karıştırın.
f) Başka bir büyük karıştırma kabına Chex mısır gevreğini ekleyin ve üzerine çikolatayı dökün.
g) Tahılları çikolatayla birlikte eşit bir şekilde kaplanana kadar dikkatlice karıştırın, ardından gruplar halinde çalışarak çikolata kaplı mısır gevreğini kek karışımı ve şekerin bulunduğu torbaya ekleyin ve tamamen kaplanana kadar çalkalayın.
ğ) Tahıl parçalarını parşömen kağıdıyla kaplı bir fırın tepsisine çıkarın.
h) Kalan mısır gevreğiyle aynı işlemi tekrarlayın, ardından parçaların yaklaşık bir saat kurumasını bekleyin.
ı) M&M'lerle karıştırın ve serpin ve servis etmek için bir kaseye koyun.

37. Kırmızı Kadife Parti Karışımı

İÇİNDEKİLER:

- 6 su bardağı çikolatalı mısır gevreği
- ½ su bardağı paketlenmiş esmer şeker
- ⅓ fincan tereyağı
- 3 yemek kaşığı mısır şurubu
- 1 damla kırmızı jel gıda boyası
- 1 su bardağı Yemekli Kek Karışımı
- ½ bardak Kremalı krem peynirli krema

TALİMATLAR:

a) Mikrodalgaya uygun büyük bir kaseye mısır gevreğini koyun; bir kenara koyun.

b) Mikrodalgaya uygun orta boy bir kapta, mikrodalgada esmer şeker, tereyağı, mısır şurubu, gıda boyası ve kek karışımını Yüksekte açın.

c) Hemen mısır gevreğinin üzerine dökün; iyice kaplanıncaya kadar fırlatın.

ç) Mumlu kağıt üzerine yayın. 5 dakika soğutun.

d) Mikrodalgaya uygun küçük bir kaseye kremayı koyun; mikrodalga 20 saniye boyunca Yüksek ayarda açık bırakılır.

e) Tahıl karışımının üzerine gezdirin. Gevşek bir şekilde kapalı olarak saklayın.

38. Kırmızı Kadife Kek Topları

İÇİNDEKİLER:

- 15,25 onsluk kırmızı kadife kek karışımı paketi
- 1 bardak tam yağlı süt
- ⅓ bardak tuzlu tereyağı, eritilmiş
- 3 çay kaşığı vanilya özü, bölünmüş
- Tava için sebze yağı
- Tava için çok amaçlı un
- 8 onsluk paket. krem peynir yumuşatılmış
- ½ bardak tuzlu tereyağı, yumuşatılmış
- 4 su bardağı pudra şekeri
- 30 ons beyaz eriyen gofret
- Kırmızı ve beyaz serpintiler ve zımpara şekeri

TALİMATLAR:

a) Fırını 350°F'ye önceden ısıtın. Kek karışımını, sütü, eritilmiş tereyağını ve 1 çay kaşığı vanilyayı, kürek aparatı takılı ağır hizmet tipi bir stand mikserinin kasesinde, iyice karışana kadar düşük hızda yaklaşık 1 dakika çırpın. Hızı orta seviyeye yükseltin ve 2 dakika çırpın. Hamuru yağlanmış ve unlanmış 13 x 9 inçlik bir fırın tepsisine dökün.

b) Ortasına yerleştirilen tahta kürdan temiz çıkana kadar, önceden ısıtılmış fırında 24 ila 28 dakika pişirin. Bir tavada tel raf üzerinde 15 dakika soğutun. Pastayı tel ızgara üzerine çıkarın ve yaklaşık 2 saat boyunca tamamen soğumaya bırakın.

c) Bu arada, krem peyniri ve yumuşatılmış tereyağını ağır hizmet tipi stand mikser takılı kürek aparatıyla orta hızda krema kıvamına gelinceye kadar çırpın. Hızı düşürün ve yavaş yavaş pudra şekeri ve kalan 2 çay kaşığı vanilyayı ekleyerek karışana kadar çırpın. Hızı orta-yüksek seviyeye yükseltin ve kabarık olana kadar 1 ila 2 dakika çırpın.

ç) Soğuyan keki geniş bir kaseye ufalayın. 2 bardak krem peynirli kremayı karıştırın.

d) Kek karışımını yaklaşık 1 inç çapında 48 top haline getirin. Topları fırın tepsisine yerleştirin ve plastik ambalajla örtün. 8 saat veya gece boyunca soğutun.

e) Eriyen gofretlerin 1 paketini orta boy mikrodalgada ısıtılabilen bir kapta, paketin talimatlarına göre mikrodalgada eritin.

f) Bir çatal kullanarak ve her seferinde 1 kek topuyla çalışarak, topu erimiş gofretlere batırın ve fazlalığın kaseye geri akmasını sağlayın. Topu parşömen kağıdıyla kaplı bir fırın tepsisine yerleştirin ve hemen istenilen miktarda serpin veya zımpara şekeri serpin.

g) Kalan 15 kek topunu ve eritilmiş gofretleri bir kasede her daldırma arasında bir çatal temizleyerek tekrarlayın.

ğ) Kaseyi silerek temizleyin ve kalan soğutulmuş kek topları, 2 paket eritilmiş gofret ve istenilen miktarda serpme ile 2 kez daha tekrarlayın. Servis yapmaya hazır olana kadar soğutun.

39.Kırmızı Kadife Trifle Bardaklar

İÇİNDEKİLER:

- Pişirme Spreyi
- 15,25 onsluk Kırmızı Kadife Kek Karışımı paketi
- 1 bardak az yağlı ayran veya su
- 3 yumurta
- ½ su bardağı bitkisel yağ
- 7 ons vanilya veya Çizkek hazır puding karışımı
- 4 bardak tam yağlı süt
- Servis için çırpılmış tepesi ve çikolata talaşı

TALİMATLAR:

a) Fırını 350°F'ye önceden ısıtın.
b) Jöleli tavaya pişirme spreyi sıkın.
c) Kek karışımını, ayranı veya suyu, yumurtaları ve yağı büyük bir kapta elektrikli karıştırıcıyla düşük hızda nemlendirilinceye kadar yaklaşık 30 saniye karıştırın.
ç) Orta hızda 2 dakika çırpın. Tavaya dökün.
d) Ortasına batırdığınız kürdan temiz çıkana kadar 15 ila 18 dakika pişirin.
e) Pastayı tamamen soğuyana kadar tel ızgara üzerinde bir tavada soğutun.
f) 120 küçük kareye kek yapmak için tırtıklı bir bıçak kullanın.
g) Pudingi paketin üzerindeki talimatlara göre hazırlayın.
ğ) 10 adet kek küpünü servis bardağına yerleştirin ve üzerine pudingi eşit şekilde dökün.
h) Her bir önemseme bardağını çırpılmış tepesi ve çikolata talaşı ile doldurun.

40.Kırmızı Kadife Peynir Topu

İÇİNDEKİLER:
- 8 ons krem peynir, oda sıcaklığı
- ½ su bardağı tuzsuz tereyağı, oda sıcaklığında
- 15.25 ons kutu kırmızı kadife kek karışımı, kuru
- ½ su bardağı pudra şekeri
- 2 yemek kaşığı esmer şeker
- ½ su bardağı mini çikolata parçaları
- Servis için vanilyalı kurabiyeler/graham krakerleri

TALİMATLAR:
a) Kürek aparatlı bir stand mikserin kasesinde, krem peyniri ve tereyağını pürüzsüz hale gelene kadar birlikte çırpın.
b) Kek karışımını, pudra şekerini ve esmer şekeri ekleyin. İyice birleşene kadar karıştırın.
c) Karışımı büyük bir plastik ambalaj parçasının üzerine kazıyın. Karışımı bir top haline getirmek için sargıyı kullanın. İşlenecek kadar sertleşene kadar plastik ambalajda yaklaşık 30 dakika buzdolabında saklayın.
ç) Çikolata parçacıklarını bir tabağa yerleştirin. Peynir topunu açın ve çikolata parçacıklarına bulayın.
d) Vanilyalı kurabiyeler, graham krakerleri vb. ile servis yapın.

41.Kırmızı Kadife Çizkek Brownie Isırmaları

İÇİNDEKİLER:

BROWNİLER İÇİN:
- 8 yemek kaşığı tuzsuz tereyağı, eritilmiş
- 1 su bardağı şeker
- ¼ fincan şekersiz kakao tozu
- ½ çay kaşığı vanilya özü
- 1 Yemek kaşığı kırmızı gıda boyası
- ⅛ çay kaşığı tuz
- ½ çay kaşığı beyaz sirke
- 2 büyük yumurta, hafifçe çırpılmış
- ¾ bardak çok amaçlı un

ÇIZKEK DOLGUSU İÇİN:
- 8 onsluk paket yumuşatılmış krem peynir
- 3 Yemek kaşığı şeker
- ½ çay kaşığı vanilya özü
- 1 büyük yumurta sarısı

TALİMATLAR:
BROWNİE HAMURUNUN YAPILMASI:
a) Fırını önceden 350°F'ye ısıtın. Mini muffin kalıbını pişirme spreyi ile yağlayın.
b) Büyük bir kapta eritilmiş tereyağı, şeker, kakao tozu, vanilya ekstraktı, gıda boyası ve tuzu bir araya gelinceye kadar karıştırın ve ardından beyaz sirkeyi ekleyin.
c) Yumurtaları ekleyin ve birleşene kadar karıştırın. Unu sadece birleşene kadar katlayın. Brownie karışımını bir kenara koyun.

ÇIZKEK DOLGUSUNU YAPIN:
ç) Kürek aparatı takılı bir stand mikserin kasesinde, krem peyniri şeker, vanilya özü ve yumurta sarısıyla birleşene kadar çırpın. Çizkek karışımını sıkma torbasına veya ağzı kapatılabilir bir plastik torbaya aktarın ve ucunu kesin.
d) Küçük bir dondurma kaşığı kullanarak, brownie hamurundan yaklaşık 1 çorba kaşığı mini muffin tepsisinin her bir çukuruna dökün. Brownie hamurunun üzerine yaklaşık 1 çay kaşığı Çizkek karışımından sıkın ve ardından Çizkek karışımının üzerine 1 çay kaşığı brownie hamuru ekleyin. Bir kürdan kullanarak brownie hamuru ve Çizkek karışımını birbirine karıştırın.
e) Brownie parçalarını yaklaşık 12 dakika veya Çizkek karışımı tamamen pişene kadar pişirin. Brownie lokmalarını fırından çıkarın ve

42.Kırmızı Kadife Pirinç Krispies

İÇİNDEKİLER:
- 10,5 ons mini marshmallow
- 3 Yemek kaşığı tereyağı
- ½ çay kaşığı
- ¾ bardak kırmızı kadife kek karışımı
- 6 su bardağı çıtır pirinç gevreği
- ½ çay kaşığı kırmızı gıda boyası isteğe bağlı

TALİMATLAR:
a) Büyük bir tencerede orta-düşük ısıda tereyağını ve mini marshmallowları eritin.
b) Marshmallowlar tamamen eriyince vanilya ve kırmızı kadife kek karışımını ekleyip karıştırın. Daha kırmızı olması gerektiğini düşünüyorsanız bu noktada gıda boyası ekleyin.
c) Ateşten alın ve pirinç krispiesini eşit şekilde kaplanana kadar yavaşça karıştırın.
ç) Hepsi bir araya getirildikten sonra köpük tepsiler arasında eşit olarak bölün.
d) Tepsileri plastik ambalajla örtün ve servis yapın.

43.Kırmızı Kadife Cips

İÇİNDEKİLER:

- 4 orta boy pancar, durulayın ve ince dilimleyin
- 1 çay kaşığı deniz tuzu
- 2 yemek kaşığı zeytinyağı
- Servis için humus

TALİMATLAR:

a) Hava fritözünü 380°F'ye önceden ısıtın.
b) Büyük bir kapta pancarları deniz tuzu ve zeytinyağıyla iyice kaplanıncaya kadar karıştırın.
c) Pancar dilimlerini hava fritözüne koyun ve tek kat halinde yayın.
ç) 10 dakika kızartın. Karıştırın, ardından 10 dakika daha kızartın. Tekrar karıştırın ve son 5 ila 10 dakika boyunca veya cipsler istenen gevrekliğe ulaşana kadar kızartın.
d) En sevdiğiniz humusla servis yapın.

44.Kırmızı Kadife Kırışık Kurabiyeler

İÇİNDEKİLER:

- 1 1/2 bardak çok amaçlı un
- 1/4 su bardağı şekersiz kakao tozu
- 1 1/2 çay kaşığı kabartma tozu
- 1/4 çay kaşığı tuz
- 1/2 bardak tuzsuz tereyağı, yumuşatılmış
- 1 su bardağı toz şeker
- 2 büyük yumurta
- 1 çay kaşığı vanilya özü
- 1 yemek kaşığı kırmızı gıda boyası
- Yuvarlamak için 1/2 su bardağı pudra şekeri

TALİMATLAR:

a) Bir kapta un, kakao tozu, kabartma tozu ve tuzu birlikte çırpın. Bir kenara koyun.

b) Başka bir kapta tereyağı ve şekeri hafif ve kabarık olana kadar krema haline getirin. Yumurtaları teker teker ekleyin ve her eklemeden sonra iyice çırpın. Vanilya özü ve kırmızı gıda boyasını ekleyip karıştırın.

c) Kuru malzemeleri yavaş yavaş ıslak karışıma ekleyin ve birleşene kadar karıştırın.

ç) Hamurun üzerini örtüp buzdolabında en az 1 saat soğutun.

d) Fırınınızı önceden 350°F'ye (175°C) ısıtın ve fırın tepsilerini parşömen kağıdıyla kaplayın.

e) Hamuru 1 inçlik toplar halinde şekillendirin, ardından her topu kaplamak için pudra şekeri içinde yuvarlayın.

f) Kaplanmış topları hazırlanan fırın tepsilerine yaklaşık 2 inç aralıklarla yerleştirin.

g) 10-12 dakika veya kenarları sertleşene kadar pişirin. Tamamen soğuması için tel rafa aktarmadan önce birkaç dakika fırın tepsisinde soğumaya bırakın.

45.Kırmızı Kadife Çizkek Girdap Sarışınlar

İÇİNDEKİLER:

- 1/2 su bardağı tuzsuz tereyağı, eritilmiş
- 1 su bardağı toz şeker
- 2 büyük yumurta
- 1 çay kaşığı vanilya özü
- 1 yemek kaşığı kırmızı gıda boyası
- 1 fincan çok amaçlı un
- 1/4 çay kaşığı tuz
- 8 oz. krem peynir, yumuşatılmış
- 1/4 su bardağı toz şeker
- 1 büyük yumurta sarısı

TALİMATLAR:

a) Fırınınızı önceden 350°F'ye (175°C) ısıtın ve 9x9 inçlik bir fırın tepsisini yağlayın.

b) Büyük bir kapta eritilmiş tereyağı ve şekeri birlikte çırpın. Yumurtaları birer birer çırpın, ardından vanilya özü ve kırmızı gıda boyasını ekleyin.

c) Unu ve tuzu yavaş yavaş birleşene kadar karıştırın.

ç) Ayrı bir kapta krem peyniri, şekeri ve yumurta sarısını pürüzsüz hale gelinceye kadar çırpın.

d) Sarışın hamurunu hazırlanan fırın tepsisine yayın. Krem peynir karışımından kaşık dolusu hamurun üzerine dökün ve ardından bir bıçakla çevirin.

e) 25-30 dakika veya ortasına batırdığınız kürdan temiz çıkana kadar pişirin. Karelere dilimlemeden önce soğumaya bırakın.

46.Kırmızı Kadife Whoopie Pies

İÇİNDEKİLER:
- 2 fincan çok amaçlı un
- 2 yemek kaşığı kakao tozu
- 1 çay kaşığı kabartma tozu
- 1/2 çay kaşığı karbonat
- 1/2 çay kaşığı tuz
- 1/2 bardak tuzsuz tereyağı, yumuşatılmış
- 1 su bardağı toz şeker
- 2 büyük yumurta
- 1 çay kaşığı vanilya özü
- 1 yemek kaşığı kırmızı gıda boyası
- 1/2 bardak ayran

KREM PEYNİR DOLGUSU İÇİN:
- 8 oz. krem peynir, yumuşatılmış
- 1/4 bardak tuzsuz tereyağı, yumuşatılmış
- 2 su bardağı pudra şekeri
- 1 çay kaşığı vanilya özü

TALİMATLAR:

a) Fırınınızı önceden 350°F'ye (175°C) ısıtın ve fırın tepsilerini parşömen kağıdıyla kaplayın.
b) Bir kapta un, kakao tozu, kabartma tozu, kabartma tozu ve tuzu birlikte çırpın.
c) Başka bir kapta tereyağı ve şekeri hafif ve kabarık olana kadar krema haline getirin. Yumurtaları teker teker ekleyin ve her eklemeden sonra iyice çırpın. Vanilya özü ve kırmızı gıda boyasını ekleyip karıştırın.
ç) Kuru malzemeleri, kuru malzemelerle başlayıp biten, ayran ile dönüşümlü olarak ıslak karışıma yavaş yavaş ekleyin.
d) Hazırlanan fırın tepsisine yemek kaşığı dolusu hamurdan yaklaşık 2 inç aralıklarla dökün.
e) 10-12 dakika veya kenarları sertleşene kadar pişirin. Tamamen soğuması için tel rafa aktarmadan önce birkaç dakika fırın tepsisinde soğumaya bırakın.
f) Krem peynir dolgusunu hazırlamak için krem peyniri, tereyağını, pudra şekerini ve vanilya özünü pürüzsüz hale gelinceye kadar çırpın.
g) Kurabiyelerin yarısının düz tarafına krem peynir dolgusunu sürün, ardından sandviç yapmak için üzerine başka bir kurabiye koyun.

47.Kırmızı Kadife Girdaplı Brownie

İÇİNDEKİLER:

- 1/2 su bardağı tuzsuz tereyağı
- 1 su bardağı toz şeker
- 2 büyük yumurta
- 1 çay kaşığı vanilya özü
- 1 1/2 bardak çok amaçlı un
- 1/4 bardak kakao tozu
- 1/2 çay kaşığı tuz
- 1 yemek kaşığı kırmızı gıda boyası
- 1/2 bardak çikolata parçacıkları

TALİMATLAR:

a) Fırınınızı önceden 350°F'ye (175°C) ısıtın ve 9x9 inçlik bir fırın tepsisini yağlayın.

b) Mikrodalgaya dayanıklı bir kapta tereyağını eritin. İyice birleşene kadar şekeri karıştırın.

c) Yumurtaları birer birer çırpın, ardından vanilya özü ve kırmızı gıda boyasını ekleyin.

ç) Ayrı bir kapta un, kakao tozu ve tuzu birlikte çırpın. Kuru malzemeleri yavaş yavaş ıslak karışıma ekleyin ve birleşene kadar karıştırın.

d) Çikolata parçacıklarını katlayın, ardından hamuru hazırlanan fırın tepsisine dökün.

e) Bir kürdan veya bıçak kullanarak, mermer efekti oluşturmak için hamuru döndürün.

f) 25-30 dakika veya ortasına batırdığınız kürdan temiz çıkana kadar pişirin. Karelere dilimlemeden önce soğumaya bırakın.

48.Kırmızı Kadife Kurabiye Barları

İÇİNDEKİLER:
- 1/2 su bardağı tuzsuz tereyağı, eritilmiş
- 1 su bardağı toz şeker
- 2 büyük yumurta
- 1 çay kaşığı vanilya özü
- 1 1/2 bardak çok amaçlı un
- 2 yemek kaşığı kakao tozu
- 1/2 çay kaşığı tuz
- 1 yemek kaşığı kırmızı gıda boyası
- 1 su bardağı damla çikolata

TALİMATLAR:
a) Fırınınızı önceden 350°F'ye (175°C) ısıtın ve 9x13 inçlik bir fırın tepsisini yağlayın.

b) Büyük bir kapta eritilmiş tereyağı ve şekeri birleştirin. Yumurtaları birer birer çırpın, ardından vanilya özü ve kırmızı gıda boyasını ekleyin.

c) Ayrı bir kapta un, kakao tozu ve tuzu birlikte çırpın. Kuru malzemeleri yavaş yavaş ıslak karışıma ekleyin ve birleşene kadar karıştırın.

ç) Çikolata parçacıklarını katlayın, ardından hamuru hazırlanan fırın tepsisine eşit şekilde dağıtın.

d) 20-25 dakika veya ortasına batırdığınız kürdan temiz çıkana kadar pişirin. Çubuklara kesmeden önce soğumaya bırakın.

49.Kırmızı Kadife Krem Peynirli Kurabiye

İÇİNDEKİLER:

- 1/2 bardak tuzsuz tereyağı, yumuşatılmış
- 1/2 su bardağı toz şeker
- 1/2 su bardağı esmer şeker
- 1 büyük yumurta
- 1 çay kaşığı vanilya özü
- 1 yemek kaşığı kırmızı gıda boyası
- 1 3/4 bardak çok amaçlı un
- 1/4 bardak kakao tozu
- 1/2 çay kaşığı karbonat
- 1/4 çay kaşığı tuz
- 4 ons krem peynir, yumuşatılmış
- 1/2 su bardağı pudra şekeri
- 1/2 çay kaşığı vanilya özü

TALİMATLAR:

a) Fırınınızı önceden 350°F'ye (175°C) ısıtın ve fırın tepsilerini parşömen kağıdıyla kaplayın.

b) Büyük bir kapta tereyağını, toz şekeri ve esmer şekeri hafif ve kabarık olana kadar krema haline getirin. Yumurtayı, vanilya özütünü ve kırmızı gıda boyasını çırpın.

c) Ayrı bir kapta un, kakao tozu, kabartma tozu ve tuzu birlikte çırpın. Kuru malzemeleri yavaş yavaş ıslak karışıma ekleyin ve birleşene kadar karıştırın.

ç) Başka bir kapta krem peyniri, pudra şekerini ve vanilya özünü pürüzsüz hale gelene kadar çırpın.

d) Kurabiye hamurundan yemek kaşığı dolusu alıp, diskler halinde düzleştirin. Disklerin yarısına küçük bir kaşık dolusu krem peynir dolgusu koyun, ardından sandviç oluşturmak için kalan diskleri üstüne koyun.

e) Kurabiyelerin kenarlarını birbirine yapıştırın, ardından yavaşça toplar halinde yuvarlayın ve hazırlanan fırın tepsisine yerleştirin.

f) 10-12 dakika veya kenarları sertleşene kadar pişirin. Tamamen soğuması için tel rafa aktarmadan önce birkaç dakika fırın tepsisinde soğumaya bırakın. Doldurulmuş kurabiyelerinizin tadını çıkarın!

50. Kırmızı Kadife Bonbonlar

İÇİNDEKİLER:

- 1 fincan Tereyağı
- ⅓ bardak Şekerleme şekeri
- ¾ bardak Mısır nişastası
- 1¼ bardak Elenmiş çok amaçlı un
- ½ fincan Cevizler, ince doğranmış

BON BON BUZLANMA :

- 1 çay kaşığı Tereyağı
- 2 yemek kaşığı Limonata
- 1 Kırmızı gıda boyası

TALİMATLAR:

a) Tereyağını şekerle çok hafif ve kabarık olana kadar karıştırın.
b) Mısır nişastası ve unu ekleyip iyice karıştırın. Kullanımı kolay olana kadar buzdolabında saklayın.
c) Fırını 350 dereceye kadar önceden ısıtın. Hamuru 1 inçlik toplara şekillendirin.
d) Topları cevizlerin üzerine yerleştirin ve mumlu kağıdın üzerine dağıtın.
e) Una batırılmış bir bardağın tabanını düzleştirin.
f) Kurabiyeleri yağlanmamış bir kurabiye tepsisine, fındık tarafı yukarı gelecek şekilde spatulayla yerleştirin.
g) 15 dakika pişirin. Serin.
h) Bon Bon Frosting ile dondurun.

BON BON BUZLANMA :

i) Tereyağı, gıda boyası ve limon suyunu pürüzsüz hale gelinceye kadar karıştırın.
j) Her kurabiyenin üzerine kremayı girdap şeklinde sürün.

51.Kırmızı Kadife Çek-Apartlar

İÇİNDEKİLER:

- Akşam yemeği ruloları, çözülmüş
- 2 limonun rendelenmiş kabuğu
- ¼ fincan Tereyağı
- ½ fincan Şeker

NArenciye Sır:

- 1 fincan Toz şeker
- 1 çorba kaşığı Eritilmiş tereyağı
- 2 yemek kaşığı Taze limon suyu
- 3 damla Kırmızı gıda boyası

TALİMATLAR:

a) Çözülmüş ruloları ikiye bölün ve yağlanmış fırın tepsisine yerleştirin. derin tabak pizza tavası.
b) Tereyağını eritip ruloların üzerine dökün.
c) Rendelenmiş limon kabuğunu şekerle karıştırıp ruloların üzerine serpin.
d) Yapışmaz pişirme spreyi sıkılmış plastik ambalajla örtün.
e) Boyutu iki katına çıkana kadar mayalanmaya bırakın. Sargıyı çıkarın ve 350°'de yaklaşık 25 dakika pişirin.

NArenciye Sır:

f) Sır malzemelerini birleştirin ve koyulaşana kadar karıştırın.
g) Ruloları sıcakken sırla kaplayın.

52.Kırmızı Kadife Kabuğu

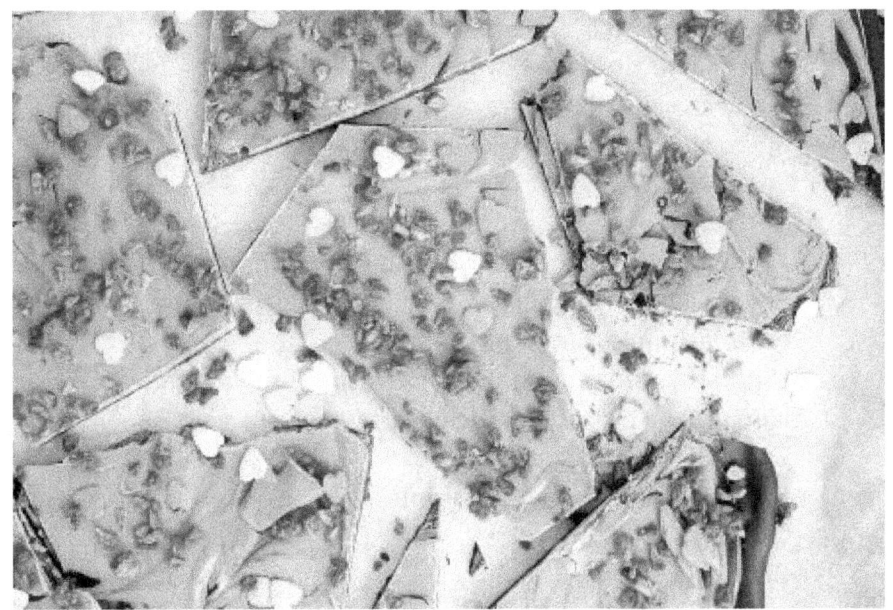

İÇİNDEKİLER:

- 11 ons beyaz çikolata parçaları
- 1 yemek kaşığı limon özü
- 4 damla Kırmızı gıda boyası
- ½ çay kaşığı sitrik asit veya tadı
- 0,5 onsluk dondurularak kurutulmuş çilek torbası

TALİMATLAR:

a) Parşömen kağıdıyla kaplayarak bir fırın tepsisi hazırlayın.
b) Beyaz çikolata parçacıklarını mikrodalgada 30 saniyelik artışlarla ve turlar arasında karıştırarak eritin.
c) Limon ekstraktını ve gıda boyasını eritilmiş beyaz çikolataya karıştırın ve birleştirmek için iyice karıştırın.
d) Tadına göre sitrik asit ekleyin.
e) Beyaz çikolatayı fırın tepsisinin üzerine ince bir tabaka halinde yayın.
f) Dondurularak kurutulmuş çilekleri beyaz çikolatanın üzerine serpin.
g) Büyük çilek parçalarını çikolataya hafifçe vurun.
h) Çikolatanın katılaşması için bir saat kadar buzdolabında bekletin. Parçalara bölün ve servis yapın.

53. Kırmızı kadife ve Açaí Maqui Berry Barları

İÇİNDEKİLER:

KABUĞU İÇİN
- ¾ bardak şekersiz hindistan cevizi
- ¼ bardak badem unu
- 4 adet çekirdekleri çıkarılmış Medjool hurması
- 2 yemek kaşığı hindistancevizi yağı
- ¼ çay kaşığı koşer tuzu

DOLGU İÇİN
- 2 bardak çiğ kaju fıstığı, ıslatılmış
- ½ bardak konserve tam yağlı hindistan cevizi sütü
- ¼ bardak hindistancevizi yağı, eritilmiş ve soğutulmuş
- ⅓ bardak saf akçaağaç şurubu
- ¼ bardak pembe limonata konsantresi
- ¼ bardak Açaí Maqui Berry Karışımı
- Süslemek için yaban mersini

TALİMATLAR:

a) 8 × 8 inçlik bir tavayı parşömen kağıdıyla kaplayın ve hindistancevizi yağıyla yağlayın. Bir kenara koyun.
b) Hindistan cevizini, badem ununu, çekirdekleri çıkarılmış hurmaları, hindistancevizi yağını ve tuzu bir mutfak robotuna ekleyin.
c) Bir çeşit yapışkan hamur haline gelinceye kadar toz haline getirin.
ç) Hurma hamurunu hazırlanan tavanın tabanına eşit şekilde bastırın.
d) Aynı mutfak robotunda, tüm dolgu malzemelerini birleştirin ve pürüzsüz hale gelinceye kadar karıştırın.
e) Hazırlanan tavaya dolguyu kabuğun üzerine dökün.
f) Üst kısmı düzleştirin ve hava kabarcıklarını çıkarmak için tavayı tezgaha sertçe vurun.
g) Kesmeden önce en az 3 saat boyunca sertleşmesi için dondurucuda düz bir yüzeye yerleştirin.
ğ) 10-15 dakika oda sıcaklığında erimelerine izin verin.

54.Kırmızı Kadife Pirinç Krispies

İÇİNDEKİLER:

- 10,5 ons mini marshmallow
- 3 Yemek kaşığı tereyağı
- ½ çay kaşığı
- ¾ bardak kırmızı kadife kek karışımı
- 6 su bardağı çıtır pirinç gevreği
- ½ çay kaşığı kırmızı gıda boyası isteğe bağlı

TALİMATLAR:

a) Büyük bir tencerede orta-düşük ısıda tereyağını ve mini marshmallowları eritin.
b) Marshmallowlar tamamen eriyince vanilya ve kırmızı kadife kek karışımını ekleyip karıştırın. Daha kırmızı olması gerektiğini düşünüyorsanız bu noktada gıda boyası ekleyin.
c) Ateşten alın ve Pirinç Krispies'i eşit şekilde kaplanana kadar yavaşça karıştırın.
ç) Hepsi bir araya getirildikten sonra köpük tepsiler arasında eşit olarak bölün.
d) Tepsileri plastik ambalajla örtün ve servis yapın.

55. Reçel ve Hindistan Cevizli Madeleine

İÇİNDEKİLER:
Madeleinler:
- 100 gr tereyağı, kabaca doğranmış
- 1 yumurta
- 1 çay kaşığı vanilya özü
- ¼ bardak pudra şekeri
- ¼ bardak ince kurutulmuş hindistan cevizi
- ½ su bardağı sade un
- ½ çay kaşığı kabartma tozu
- 100 gr çilek reçeli

PEMBE BUZLANMA:
- 2 su bardağı elenmiş pudra şekeri
- 1 yemek kaşığı süt
- 3 damla kırmızı gıda boyası
- 2 çay kaşığı vanilya çekirdeği ekstresi

Hindistan cevizi kırıntısı:
- ½ su bardağı ince çekilmiş hindistan cevizi
- ½ bardak malt-sütlü bisküvi, ezilmiş
- 50 gram beyaz çikolata (isteğe bağlı)

TALİMATLAR:

a) Fırını önceden 180°C'ye (160°C fanlı) ısıtın. 12 delikli madelein kalıbını hafifçe yağlayın ve üzerine hafifçe un serpin. Fazla unu silkeleyin.

b) 100 gr tereyağını küçük bir tencerede orta ateşte 2-3 dakika, hafif kahverengileşinceye kadar eritin. Eritilmiş tereyağını soğutun.

c) Bir karıştırma kabında yumurtayı, vanilya özütünü, pudra şekerini ve kurutulmuş hindistan cevizini soluk ve kremsi bir kıvama gelinceye kadar 3 dakika çırpın.

ç) Normal un ve kabartma tozunu birlikte eleyin. Un karışımını yavaşça yumurta karışımına katlayın. Eritilmiş tereyağını ekleyin ve birleştirmek için katlayın.

d) Hamuru madeleine kalıplarına, her birini yarısına kadar dolduracak şekilde kaşıkla dökün. Her madeleinin ortasına ¼ çay kaşığı çilek reçeli koyun, ardından biraz daha hamurla örtün.

e) 9 dakika veya madeleinler hafif altın rengi ve yumuşak oluncaya kadar pişirin. 2 dakika kadar kalıpta beklemelerine izin verin, ardından tamamen soğumaları için tel ızgara üzerine çıkarın.

f) Pembe kremayı yapmak için elenmiş pudra şekeri, süt, kırmızı gıda boyası ve vanilya çekirdeği ekstraktını orta boy bir kapta birleştirin. Hafif kalın bir macun oluşuncaya kadar karıştırın ve bir kenara koyun.

g) Hindistan cevizi kırıntıları için, malt-sütlü bisküvileri kırıntılara dönüştürmek üzere bir mutfak robotu kullanın. Kurutulmuş hindistan cevizini (ve isteğe bağlı beyaz çikolatayı) ekleyin ve 20 saniye daha karıştırın.

ğ) Her bir madeleinin üzerine pembe kremayı gezdirin ve daha fazla çıtırlık tercihinize bağlı olarak hindistan cevizi kırıntısını bir tarafa veya üst kısmın her yerine serpin.

h) Çay saati veya herhangi bir özel gün için nefis bir ikram olarak bu güzel ve lezzetli Reçel ve Hindistan Cevizli Madeleine'lerin tadını çıkarın!

TATLI

56.Krem Peynir Dolgulu Kırmızı Kadife Kurabiye

İÇİNDEKİLER:

KREM PEYNİR DOLGU:
- 1 paket (8 ons/227g) krem peynir, yumuşatılmış
- 2/3 bardak (75g) şekerleme şekeri
- 2 yemek kaşığı (15g) King Arthur Ağartılmamış Çok Amaçlı Un veya King Arthur Glutensiz Ölçü Unu
- 1/2 çay kaşığı King Arthur Saf Vanilya Özü
- 1/8 çay kaşığı sofra tuzu

HAMUR:
- 2 bardak (240g) King Arthur Ağartılmamış Çok Amaçlı Un veya King Arthur Glutensiz Ölçü Unu
- 1/3 bardak (28g) King Arthur Üçlü Kakao Karışımı
- 1 1/2 çay kaşığı kabartma tozu
- 1/2 çay kaşığı sofra tuzu
- 1 1/3 su bardağı (266g) toz şeker
- 8 yemek kaşığı (113g) tuzsuz tereyağı, yumuşatılmış
- 2 büyük yumurta, oda sıcaklığında
- 1 çay kaşığı King Arthur Saf Vanilya Ekstraktı
- 1 çay kaşığı jel kırmızı gıda boyası

TOPLANTI:
- 1/2 su bardağı (99g) toz şeker
- 1/2 bardak (57g) şekerleme şekeri

TALİMATLAR:
a) Fırını önceden 350°F'ye ısıtın ve bir fırın tepsisini parşömenle kaplayın.

KREM PEYNİR DOLGU:
b) Büyük bir kapta veya bir stand mikserinin kasesinde, tüm dolgu malzemelerini birleştirin ve pürüzsüz hale gelinceye kadar yaklaşık 2 dakika karıştırın.

HAMUR:
c) Orta boy bir kapta un, kakao tozu, kabartma tozu ve tuzu birlikte eleyin. Bir kenara koyun.

ç) Büyük bir kapta veya stand mikserinde toz şekeri ve tereyağını kabarıncaya kadar çırpın.

d) Eklemeler arasında iyice çırparak yumurtaları birer birer ekleyin. Vanilyayı ve gıda rengini ekleyin, birleştirmek için çırpın.
e) Kuru malzemeleri ekleyip hiç kuru malzeme kalmayana kadar çırpın. Hamuru en az 30 dakika veya 1 gün öncesine kadar buzdolabında saklayın.

MONTAJ VE PİŞİRME:
f) Fırını ortasında bir raf olacak şekilde 350°F'ye önceden ısıtın ve bir fırın tepsisini parşömenle kaplayın.
g) Geriye kalan toz şekeri ve şekerleme şekerini ayrı kaselere koyun.
ğ) 16 tepeciği (her biri yaklaşık 47 g) kurabiye hamurunu fırın tepsisine paylaştırmak için yuvarlak bir jumbo kurabiye kepçesi kullanın.
h) Bir porsiyon alın, ortasına bir kuyu bastırın, donmuş dolguyu yerleştirin, hamuru dolgunun etrafına sıkıştırın ve top haline getirin. 7 porsiyon daha tekrarlayın.
ı) Doldurulmuş hamur toplarını toz şekere ve ardından şekerleme şekeriyle kaplayın.
i) 16 ila 18 dakika kadar veya her tarafı çatlayıp kenarları kuruyana kadar pişirin. Fırın tepsisinde katılaşana kadar soğumaya bırakın, ardından tamamen soğuması için tel rafa aktarın.
j) İlk parti pişerken kalan kurabiyeleri doldurun ve kaplayın.
k) Oda sıcaklığında servis yapın.
l) Depolama Bilgileri:
m) Artık çerezleri 2 güne kadar oda sıcaklığında hava geçirmez bir kapta saklayın.

57.Raventli Köfte

İÇİNDEKİLER:
SOSU İÇİN:
- 1½ su bardağı Şeker
- 1½ su bardağı Su
- 1 su bardağı Un
- ⅓ bardak Tereyağı
- ¼ çay kaşığı Tarçın
- 1 çay kaşığı Vanilya
- ¼ çay kaşığı Tuz
- 1 tutam Kırmızı Gıda Boyası

HAMUR İÇİN:
- 2 bardak un
- ¼ çay kaşığı Tuz
- 2 yemek kaşığı Şeker
- 2½ yemek kaşığı Soğuk Tereyağı
- 2 çay kaşığı kabartma tozu
- ½ su bardağı süt (¾ bardağa kadar gerekebilir)
- 2 yemek kaşığı Tereyağı, yumuşatılmış

DOLGU İÇİN:
- ½ bardak) şeker
- 2 su bardağı ince kıyılmış ravent
- Tarçın (tozlamak için)

TALİMATLAR:

SOSU İÇİN:
a) Fırını önceden 350°F'ye (175°C) ısıtın.
b) Küçük bir tencerede şekeri, unu, tarçını ve tuzu birleştirin.
c) Suyu yavaş yavaş karıştırıp tereyağını ekleyin.
ç) Yüksek ateşte kaynatın ve 1 dakika pişirin.
d) Vanilyayı ve istenirse koyu pembe renklendirmek için bir miktar kırmızı gıda boyası ekleyin.
e) Sosu soğumaya bırakın.

HAMUR İÇİN:
f) Orta boy bir karıştırma kabında veya mutfak robotunda un, şeker, kabartma tozu ve tuzu birleştirin.
g) Karışım küçük mısır parçacıklarına benzeyene kadar soğuk tereyağını kesin veya işleyin.
ğ) Sütü ekleyip hızlıca karıştırın.
h) Hamuru unlanmış bir yüzeyde 12 x 10 inçlik bir dikdörtgene kadar açın.
ı) Yumuşatılmış tereyağını hamurun üzerine sürün, ardından doğranmış raventi üstüne yerleştirin.
i) Raventin her yerine şeker serpin ve bolca tarçın serpin.
j) Hamuru uzun kenarından yuvarlayın ve kesme tahtasının üzerine dikiş tarafı aşağı gelecek şekilde yerleştirin.
k) Ruloyu 12 dilime kesin.
l) Dilimleri kesilmiş tarafı yukarı bakacak şekilde yağlanmış 3 litrelik düz cam pişirme kabına yerleştirin.
m) Üzerine soğuyan sosu dökün.
n) 35 dakika veya köfteler kabarık ve altın rengi kahverengi olana kadar pişirin.
o) Arzu ederseniz krema ile servis yapın.
ö) Lezzetli Ravent Köftelerinizin tadını çıkarın!

58.Kırmızı Kadife Tres Leches Kek

İÇİNDEKİLER:

KEK:
- 1 kutu Şeytan Yemekli Kek Karışımı
- 1 bardak su
- 1 yemek kaşığı bitkisel yağ
- 4 yumurta
- 2 çay kaşığı vanilya
- 1 şişe (1 ons) kırmızı gıda boyası (yaklaşık 2 yemek kaşığı)

TRES LECHES KARIŞIMI:
- 1 kutu (14 ons) şekerli yoğunlaştırılmış süt (buharlaştırılmamış)
- 1 bardak İrlanda kremalı likörü
- ½ bardak ağır krem şanti

SÜSLEME:
- 1 ½ su bardağı ağır krem şanti
- 3 yemek kaşığı pudra şekeri
- ½ çay kaşığı vanilya

GARNİTÜR:
- ¼ fincan rendelenmiş koyu çikolatalı pişirme çubuğu

TALİMATLAR:

a) Fırınınızı kek karışımı talimatlarına göre önceden ısıtın. 13x9 inçlik bir fırın tepsisini yağlayın ve unlayın.
b) Büyük bir kapta kek karışımını, suyu, bitkisel yağı, yumurtayı, vanilyayı ve kırmızı gıda boyasını birleştirin. İyice birleşene kadar karıştırın.
c) Hamuru hazırlanan fırın tepsisine dökün ve paket talimatlarına göre pişirin. Piştikten sonra keki biraz soğumaya bırakın.
ç) Bir karıştırma kabında, Tres leches karışımını oluşturmak için şekerli yoğunlaştırılmış süt, İrlanda kremalı likör ve ağır çırpılmış kremayı birlikte çırpın.
d) Kek sıcakken çatal veya kürdan yardımıyla her yerine delikler açın. Tres leches karışımını yavaşça kekin üzerine dökün ve deliklere sızmasını sağlayın. Pastayı en az 2 saat veya iyice soğuyana kadar buzdolabında saklayın.
e) Başka bir kapta kremayı, pudra şekerini ve vanilyayı sert tepecikler oluşana kadar çırpın. Soğuyan kekin üzerine çırpılmış kremayı sürün.
f) Pastayı traşlanmış koyu çikolatalı pişirme çubuğuyla süsleyin.
g) Zengin ve çökmekte olan lezzetlerin tadını çıkarmak için bu enfes Kırmızı Kadife Tres Leches Pastasını dilimleyin ve servis edin!

59.Şeker Kamışı Kek Rulosu

İÇİNDEKİLER:
KEK İÇİN:
- 1 fincan çok amaçlı un
- 1 çay kaşığı tarter kreması
- ½ çay kaşığı kabartma tozu
- 1 su bardağı toz şeker
- 3 büyük yumurta
- ⅓ bardak su
- ½ çay kaşığı kırmızı gıda boyası
- Üzerine serpmek için ¼ su bardağı pudra şekeri

DOLGU İÇİN:
- 2 su bardağı pudra şekeri
- 1 bardak tereyağı, yumuşatılmış
- 1 çay kaşığı nane özü

ÜSTÜ İÇİN:
- ½ su bardağı pudra şekeri
- 1 Yemek kaşığı süt
- 2 şeker kamışı, ezilmiş

TALİMATLAR:

a) Fırını önceden 375°F'ye ısıtın. Parşömen veya balmumu kağıdıyla 10 × 15 inçlik jöle rulo tavasını hizalayın.
b) Büyük bir kapta un, tartar kreması, kabartma tozu ve toz şekeri birlikte çırpın.
c) Ayrı bir orta boy kapta, yumurtaları ve suyu hafif ve havadar olana kadar yüksek devirde çırpın; yaklaşık beş dakika.
ç) Yumurta karışımını, birleşene kadar kuru malzemelere yavaşça katlayın. Fazla karıştırmayın. Hamuru iki ayrı kaseye bölün. Yarısını kırmızıya boyayın.
d) Hazırlanan tavanın bir tarafına bir hamur dökün. Diğer yarısını diğer tarafa dökün (yan yana olacak şekilde). 10 ila 12 dakika veya beyaz tarafı altın-kahverengi olana kadar pişirin.
e) Kek pişerken temiz bir mutfak havlusu serin. Kekin havluya yapışmamasını sağlamak için ¼ bardak pudra şekeri ile eşit şekilde tozlayın.
f) Kek pişince hemen havlunun üzerine çevirin ve parşömen kağıdını yavaşça soyun. Pastayı havluya sarın. Pastayı bir ila iki saat tezgahta dinlendirip soğumaya bırakın.
g) İçi için: Pudra şekeri ve yumuşatılmış tereyağını krema kıvamına gelinceye kadar çırpın. Nane ekstraktını karıştırın. Tamamen soğuduktan sonra pastayı açın ve dolguyla süsleyin. Pastayı mümkün olduğu kadar sıkı bir şekilde (havlu olmadan) yuvarlayın. Pastayı plastik ambalajla örtün ve servis yapmadan önce en az bir saat soğuması için buzdolabına koyun.
ğ) Üzeri İçin: Servis yapmaya hazır olduğunuzda pastayı plastik ambalajından çıkarın ve servis tabağına veya büyük bir tabağa yerleştirin. Pudra şekeri ve sütü karıştırın. Kekin üzerine eşit bir şekilde dökün ve üzerine ezilmiş şekerleri ekleyin.
h) Dilimleyin ve servis yapın!

60.Piñata Kapkekleri

İÇİNDEKİLER:
KAPKEK:
- 2 paket Tereyağı (oda sıcaklığında)
- 1 su bardağı Şeker
- 2 çay kaşığı Vanilya
- 1 su bardağı Un
- ½ çay kaşığı Tuz
- 1 çay kaşığı Kabartma Tozu

BUZLANMA:
- 1 Limon
- 2 çubuk Tereyağı
- 16 ons Pudra Şekeri
- 2-3 yemek kaşığı Süt
- 4 yemek kaşığı Ahududu Reçeli
- 2-4 damla Kırmızı Gıda Boyası
- 10 ons Skittles Amerika Karışımı Şekerler

TALİMATLAR:
KAPKEK:
a) Fırını önceden 350°F'ye ısıtın. Tereyağı ve şekeri el mikseri ile hafif ve kabarık hale gelinceye kadar krema haline getirin.
b) Vanilya ve yumurtaları birer birer ekleyin. Ayrı bir kapta un, tuz ve kabartma tozunu çırpın.
c) Kuru malzemeleri yavaşça tereyağı karışımına ekleyin ve tamamen karışana kadar iyice karıştırın.
ç) Cupcake kalıplarının ¾'üne kadar doldurun ve 18-22 dakika pişirin. Tamamen soğumalarına izin verin.

BUZLANMA:
d) Limonu rendeleyin ve bir kenara koyun. Pudra şekerini karıştırma kabına eleyin.
e) Bir el mikseri kullanarak tereyağını pürüzsüz hale gelinceye kadar kremalayın. Her eklemeden önce iyice karıştırıldığından emin olarak, her seferinde ½ bardak olacak şekilde pudra şekerini yavaş yavaş ekleyin.
f) Ahududu reçeli, limon kabuğu rendesi, süt ve gıda boyasını ekleyin.
g) Birleştirmek için her kekin ortasından 1 inçlik bir parça kesin (kapağı saklayın). Her boşluğu ¼ fincan Skittles şekeriyle doldurun ve kapağı değiştirin.
ğ) Kekleri süsleyin ve ilave Skittles ile süsleyin.
h) Bu Piñata Cupcake'ler, her lokmada bir neşe patlaması vaat ederek, onları herhangi bir kutlamada tatlı bir duygu haline getiriyor.

61.Çilekli Çikolatalı Kurabiye

İÇİNDEKİLER:

- ¼ bardak şeker
- 1 yemek kaşığı mısır nişastası
- Tutam tuz
- 2 yemek kaşığı su
- ½ su bardağı ezilmiş çilek
- İsteğe göre 1 damla kırmızı gıda boyası
- 2 adet tek kişilik yuvarlak pandispanya
- ⅔ bardak dilimlenmiş taze çilek
- ⅓ bardak çırpılmış tepesi
- İsteğe göre 1 yemek kaşığı çikolata şurubu

TALİMATLAR:

a) Küçük bir tencerede tuz, mısır nişastası ve şekeri karıştırın. Ezilmiş çilekleri ve suyu karıştırın.

b) Kaynamak; koyulaşana kadar bir dakika kadar pişmesine ve karıştırmasına izin verin. İstenirse gıda boyası koyun.

c) Servis tabağına pandispanyaları koyun.

ç) Dilerseniz üzerine çikolata şurubu, krem şanti, dilimlenmiş çilek ve çilek sosunu koyun.

62.Şekerli Kurabiye Kupa Kek

İÇİNDEKİLER:

- 2 yemek kaşığı yumurta yerine
- 2 yemek kaşığı tereyağı, yumuşatılmış
- ⅓ su bardağı un
- 3 Yemek kaşığı şeker
- 1 çay kaşığı vanilya
- 3 yemek kaşığı rumchata
- 2 yemek kaşığı gökkuşağı serpintisi
- 1 su bardağı pudra şekeri
- 2-3 damla pembe veya kırmızı gıda boyası

TALİMATLAR:

a) Bir kasede yumurta yerine geçen tereyağı, un, şeker, vanilya, 2 yemek kaşığı rumchata ve 1 yemek kaşığı gökkuşağı serpintisini karıştırın.
b) Fazladan bir bardağa yerleştirin.
c) Mikrodalgada 60 saniye bekletin, kenarlarında köpüren hamurları silin ve ardından 30 saniye daha mikrodalgaya koyun.
ç) Pastayı çıkarıp buzdolabına koyun.
d) Soğurken pudra şekeri, 1 yemek kaşığı rumchata ve gıda boyasını karıştırın.
e) Hafifçe ısınan kekin üzerine gezdirin.

63.Ahududu Güllü Makaronlar

İÇİNDEKİLER:
MAKARON KABUKLARI İÇİN:
- 250 gram Aquafaba (konserve nohuttan elde edilen sıvı)
- ⅛ çay kaşığı Tartar Kreması
- Bir tutam tuz
- 150 gram çekilmiş badem
- 130 gram Saf Pudra Şekeri
- 110 gram Süper İnce / Pudra Şekeri
- Bir damla Vegan Kırmızı Gıda Boyası
- Birkaç damla Organik Gül Ekstraktı

AHUDUDU GÜL KREMASI İÇİN:
- 125 gram Vegan Tereyağı Yedek
- 55 gram pudra şekeri
- Birkaç damla Organik Gül Ekstraktı
- Birkaç damla Vegan Kırmızı Gıda Boyası
- 25 Ahududu

EKSTRALAR:
- Yuvarlak Uçlu Sıkma Torbaları
- Silpat Paspas veya Silikon Pişirme Kağıdı
- Fırın Tepsileri
- Suyla Doldurulmuş Sprey Şişesi

TALİMATLAR:
a) Makaronları yapmadan bir gece önce Aquafaba'nızı hazırlayın. Küçük bir tencerede 250 gram Aquafaba'yı, miktarı 110 grama düşene kadar pişirin. Bir gece boyunca soğuması ve buzdolabında kalması için bir kaseye dökün.

b) Makaron Kabukları: Öğütülmüş Bademleri ve Pudra Şekerini bir mutfak robotunda işleyin, ardından topakları gidermek için bir kaseye süzün. Bir kenara koyun.

c) Temiz çırpıcılarla birlikte bir stand mikserinde Aquafaba'yı, tartar kremasını ve tuzu köpük haline gelinceye ve köpüklü yumurta akı gibi görünene kadar yüksek hızda çırpın. Kasenin dibinde sıvı kalmadığından emin olun.

ç) Mikser çalışırken yavaş yavaş pudra şekerini ekleyin. Vegan kırmızı gıda boyasını ve organik gül özünü ekleyin ve kalın, parlak bir beze elde edene kadar yüksek devirde çırpmaya devam edin.

d) Badem/pudra şekeri karışımının yarısını bir spatula ile yavaşça beze ekleyin. İkinci yarıyı ekleyin ve karışım kalın lava benzeyene kadar katlamaya devam edin. Aşırı karıştırmaktan kaçının.

e) Yuvarlak ağızlı sıkma torbasını makaron karışımıyla doldurun ve Silpat veya Silikon Pişirme Kağıdı kaplı matın üzerine 2 inçlik yuvarlaklar sıkın. Makaron kabuklarının tamamını sıkmak için 3 veya 4 tepsiye ihtiyacınız olabilir.

f) Hava kabarcıklarını gidermek için tepsileri tezgaha vurun, ardından tepsileri serin bir yerde, kabuklar matlaşıp artık yapışkan olmayana kadar 2-3 saat dinlendirin.

g) Fırını önceden 120 santigrat dereceye ısıtın. Arada fırın kapağını açmadan, her bir tepsi makaronu tek tek 28-30 dakika pişirin. Makaronlar piştikten sonra 15 dakika daha fırında bekletin ve iyice soğuduktan sonra Silpat/Silikon kağıdını çıkarın.

ğ) Ahududu Gülü Buttercream: Bir stand mikserinde vegan tereyağını pudra şekeri, organik gül özü ve vegan kırmızı gıda boyasıyla kabarıncaya kadar çırpın. Yuvarlak ağızlı sıkma torbasına aktarın.

h) Ahududuları yıkayıp kurulayın ve bir kenara koyun.

TOPLANTI:

ı) Makaronları yuvarlak tarafı alta gelecek şekilde mutfak tezgahına yerleştirin. Makaronların diplerini hafifçe su ile ıslatın ve doldurmadan önce 5 dakika bekletin.

i) Bir makarnanın tabanının çevresine bir halka şeklinde tereyağlı krema sıkın ve ortasına bir bütün ahududu yerleştirin. Başka bir makarna kabuğuyla sandviç yapın ve tüm kabuklar dolana kadar tekrarlayın.

j) Makaronları bir kutuya koyun ve olgunlaşmaları ve doğru dokuyu elde etmeleri için gece boyunca, ideal olarak 2 gece buzdolabında bekletin.

k) Makaronların doğrudan buzdolabından değil, oda sıcaklığında veya buzdolabından 10 dakika sonra servis edilmesi en iyisidir.

64.kırmızı kadife minik kekler

İÇİNDEKİLER:

- 2 yumurta akı
- 2 bardak kırmızı kadife kek karışımı
- 1 su bardağı çikolatalı kek karışımı
- ¼ bardak Esrarla aşılanmış tentür
- 1 12 onsluk torba çikolata parçacıkları
- 1 12 onsluk limonlu limonlu gazoz konservesi
- 1 12 onsluk ekşi krema kreması küveti

TALİMATLAR:

a) Fırını 350°F'ye önceden ısıtın.
b) Muffin kalıbını kağıt pişirme kalıplarıyla kaplayın.
c) Yumurta aklarını, kek karışımlarını, tentürü, çikolata parçacıklarını ve sodayı büyük bir karıştırma kabında birleştirin.
ç) Pürüzsüz bir hamur oluşana kadar iyice karıştırın.
d) Hamuru pişirme kaplarına dökün.
e) 20 dakika pişirin.
f) Donmadan önce keklerin soğumasını bekleyin.

65.Kırmızı Kadife Buzlu Kek

İÇİNDEKİLER:
KEK İÇİN:
- 2 1/2 bardak çok amaçlı un
- 1 1/2 su bardağı toz şeker
- 1 çay kaşığı karbonat
- 1 çay kaşığı tuz
- 1 çay kaşığı kakao tozu
- 1 1/2 bardak bitkisel yağ
- 1 su bardağı ayran, oda sıcaklığında
- 2 büyük yumurta, oda sıcaklığı
- 2 yemek kaşığı kırmızı gıda boyası
- 1 çay kaşığı vanilya özü
- 1 çay kaşığı beyaz sirke

KREM PEYNİRLİ DONDURMA İÇİN:
- 16 ons krem peynir, yumuşatılmış
- 1/2 bardak tuzsuz tereyağı, yumuşatılmış
- 4 su bardağı pudra şekeri
- 1 çay kaşığı vanilya özü

TALİMATLAR:

a) Fırınınızı önceden 350°F (175°C) ısıtın. İki adet 9 inçlik yuvarlak kek kalıbını yağlayın ve unlayın.
b) Büyük bir kapta un, şeker, kabartma tozu, tuz ve kakao tozunu birlikte eleyin.
c) Başka bir kapta bitkisel yağ, ayran, yumurta, kırmızı gıda boyası, vanilya özü ve beyaz sirkeyi iyice birleşene kadar karıştırın.
ç) Islak malzemeleri yavaş yavaş kuru malzemelere ekleyin, pürüzsüz ve iyice birleşene kadar karıştırın.
d) Hazırladığınız kek kalıplarına hamuru eşit şekilde paylaştırın.
e) Önceden ısıtılmış fırında 25-30 dakika veya keklerin ortasına batırdığınız kürdan temiz çıkana kadar pişirin.
f) Kekleri fırından çıkarın ve kalıplarda 10 dakika soğumaya bırakın, ardından tamamen soğuması için tel ızgaraya aktarın.
g) Kekler soğurken krem peynirli kremayı hazırlayın. Büyük bir kapta krem peynir ve tereyağını pürüzsüz ve kremsi bir kıvama gelinceye kadar çırpın. Yavaş yavaş pudra şekeri ve vanilya özütünü ekleyerek pürüzsüz ve kabarık olana kadar çırpın.
ğ) Kekler tamamen soğuduktan sonra bir kat keki servis tabağına yerleştirin. Üzerine bir kat krem peynirli krema sürün.
h) İkinci kek katını üstüne yerleştirin ve pastanın üstünü ve yanlarını kalan krem peynirli kremayla süsleyin.
ı) Pastayı dilediğiniz gibi süsleyin.
i) Servis yapmadan önce pastayı buzdolabında en az 30 dakika soğutun ve buzlanmanın sertleşmesine izin verin.
j) Dilimleyip servis yapın.

66.Çilekli Sufle

İÇİNDEKİLER:
- 18 ons taze çilek, soyulmuş ve püre haline getirilmiş
- ⅓ bardak çiğ bal
- 5 organik yumurta akı
- 4 çay kaşığı pembe limonata

TALİMATLAR:
a) Fırınınızı 350°F'ye önceden ısıtın.
b) Bir kapta çilek püresini, balı, 2 yumurta beyazını ve pembe limonatayı birleştirin.
c) Kabarık ve hafif oluncaya kadar bir el blenderi kullanarak darbe uygulayın.
ç) Başka bir kapta kalan yumurta aklarını kabarıncaya kadar çırpın.
d) Kalan balı karıştırın .
e) Yumurta aklarını çilek karışımına yavaşça karıştırın.
f) Karışımı eşit şekilde 6 ramekine ve bir fırın tepsisine aktarın.
g) Yaklaşık 10-12 dakika pişirin.
ğ) Fırından çıkarın ve hemen servis yapın.

67.Kırmızı kadife kek

İÇİNDEKİLER:
- 2½ su bardağı çok amaçlı un
- 2 çay kaşığı şekersiz kakao tozu
- 1 çay kaşığı koşer tuzu
- 1 çay kaşığı karbonat
- 2 yumurta, oda sıcaklığında
- 1½ su bardağı toz şeker
- 1½ su bardağı bitkisel yağ
- 1 su bardağı ayran, oda sıcaklığında
- 1½ çay kaşığı vanilya özü
- 1 çay kaşığı damıtılmış beyaz sirke
- 1 ons kırmızı gıda boyası

BUZLAMA İÇİN:
- 16 ons krem peynir, yumuşatılmış
- 1 su bardağı tuzsuz tereyağı, yumuşatılmış
- 8 su bardağı pudra şekeri
- 1 yemek kaşığı tam yağlı süt
- 2 çay kaşığı vanilya özü

TALİMATLAR:

a) Fırını önceden 325 derece F'ye ısıtın. İki adet 9 inçlik kek kalıbına pişirme spreyi püskürtün veya yağlayıp unlayın.
b) Büyük bir karıştırma kabında un, kakao tozu, tuz ve kabartma tozunu birleştirin ve birlikte eleyin veya çırpın.
c) Orta boy bir kapta yumurtaları kırın ve çırpma teli ile çırpın. Şekeri, yağı, ayranı ve vanilyayı kaseye dökün ve el mikseri kullanarak düşük hızda her şey güzel ve kremsi olana kadar karıştırın.
ç) Islak malzemeleri kuru malzemelerle yavaşça büyük kasede birleştirin.
d) Sirke ve kırmızı gıda boyasını ekleyin. Kek hamurunun tamamı kırmızı oluncaya ve iz kalmayıncaya kadar katlayın.
e) Her kek kalıbına eşit miktarda kek hamuru dökün. Hava kabarcıklarını çıkarmak için tavaları sallayın ve hafifçe vurun, ardından 5 dakika bekletin. Kekleri 25 ila 30 dakika pişirin. Kekleri kek kalıplarından çıkarın ve soğutma raflarına yerleştirin.
f) Kekler soğurken kremasını hazırlayın. Büyük bir kapta krem peyniri ve tereyağını birleştirin.
g) El mikseri kullanarak iki malzemeyi birbirine krema haline getirin, ardından her seferinde 1 bardak olacak şekilde pudra şekerini yavaş yavaş ekleyin.
ğ) Sütü ve vanilyayı ekleyin ve krema güzel ve kremsi hale gelinceye kadar karıştırın. Kekler tamamen soğuduktan sonra dondurun.

68.Kırmızı Kadife Çikolatalı Kurabiye

İÇİNDEKİLER:
- 1½ su bardağı çok amaçlı un
- ¼ bardak kakao tozu
- 1 çay kaşığı karbonat
- ¼ çay kaşığı deniz tuzu
- ½ su bardağı tuzsuz tereyağı, oda sıcaklığında
- ½ su bardağı esmer şeker
- ½ fincan
- 1 yumurta, oda sıcaklığı
- 1 yemek kaşığı süt/ayran/doğal yoğurt
- 2 çay kaşığı vanilya özü
- ½ çay kaşığı kırmızı gıda boyası jeli
- 1 su bardağı beyaz veya bitter çikolata parçacıkları

TALİMATLAR:

a) Büyük bir karıştırma kabında un, kakao tozu, kabartma tozu ve tuzu birlikte çırpın ve bir kenara koyun.
b) El tipi veya stand mikseri kullanarak tereyağını, esmer şekeri ve toz şekeri yüksek hızda krema kıvamına gelinceye kadar yaklaşık 1-2 dakika çırpın.
c) Daha sonra yumurtayı, sütü, vanilya özütünü ve gıda boyasını ekleyin, iyice karışana kadar çırpın ve mikseri kapatın.
ç) Kuru malzemeleri ıslak malzemelere ekleyin.
d) Mikseri düşük hıza alıp, çok yumuşak bir hamur oluşana kadar yavaşça çırpın.
e) Daha fazla yiyecek rengi eklemeniz gerekirse, bu noktada bunu yapmaktan çekinmeyin.
f) Son olarak damla çikolataları ekleyip çırpın.
g) Hamuru plastik ambalajla örtün ve buzdolabında en az 2 saat veya gece boyunca soğumaya bırakın.
ğ) Soğuduktan sonra hamurun oda sıcaklığında en az 15 dakika beklemesine izin verin, ardından top haline getirin ve pişirin çünkü hamur sertleşecektir.
h) Fırınınızı önceden 180°C'ye ısıtın.
ı) İki büyük fırın tepsisini parşömen kağıdı veya silikon pişirme matlarıyla kaplayın. Bir kenara koyun.
i) Bir yemek kaşığı yardımıyla kurabiye hamurundan bir miktar alıp yuvarlayın.
j) Yağlı kağıt serili fırın tepsisine dizin ve 11-13 dakika pişirin.
k) Gruplar halinde pişirin.
l) Sıcak kurabiyelerin üzerine birkaç damla çikolata daha ekleyin.

69.Kırmızı Kadife Dondurmalı Waffle

İÇİNDEKİLER:

- 1¾ su bardağı çok amaçlı un
- ¼ fincan şekersiz kakao
- 1 çay kaşığı karbonat
- 1 çay kaşığı tuz
- 1 su bardağı kanola yağı
- 1 su bardağı toz şeker
- 1 büyük yumurta
- 3 yemek kaşığı kırmızı gıda boyası
- 1 çay kaşığı saf vanilya özü
- 1½ çay kaşığı damıtılmış beyaz sirke
- ½ bardak ayran
- Yapışmaz pişirme spreyi
- 1½ litre vanilyalı dondurma
- 2 su bardağı yarı tatlı mini çikolata parçaları

TALİMATLAR:

a) Waffle demirini orta dereceye kadar önceden ısıtın.

b) Orta boy bir kapta un, kakao, kabartma tozu ve tuzu birlikte çırpın. Bir kenara koyun.

c) Stand mikserinin kasesinde veya büyük bir kaptaki elektrikli el mikseriyle, yağı ve şekeri iyice karışıncaya kadar orta hızda çırpın. Yumurtayı çırpın. Mikseri en aza indirin ve yavaş yavaş gıda boyasını ve vanilyayı ekleyin.

ç) Sirke ve ayranı karıştırın. Bu ayran karışımının yarısını yağ, şeker ve yumurtayla birlikte büyük kaseye ekleyin. Birleştirmek için karıştırın ve ardından un karışımının yarısını ekleyin.

d) Kâseyi kazıyın ve yalnızca karışmamış un kalmadığından emin olacak kadar karıştırın.

e) Ayran karışımının geri kalanını ekleyin, birleştirmek için karıştırın ve ardından son un karışımını ekleyin.

f) Karıştırılmamış un kalmadığından emin olmak için yeterli miktarda tekrar karıştırın.

g) Waffle ızgarasının her iki tarafını yapışmaz spreyle kaplayın. Izgarayı kaplayacak kadar waffle makinesine yeterli miktarda hamur dökün, kapağı kapatın ve waffle'lar waffle makinesinden çıkarılabilecek kadar sertleşene kadar 4 dakika pişirin.

ğ) Waffle'ların tel ızgara üzerinde hafifçe soğumasını bekleyin. Waffle'ları parçalara ayırmak için mutfak makası veya keskin bir bıçak kullanın.

h) Toplam 16 bölüm oluşturmak için tekrarlayın.

ı) Waffle bölümleri soğurken, dondurmayı tezgahın üzerine koyarak 10 dakika kadar yumuşamasını sağlayın.

i) Dondurma yumuşadıktan sonra waffle bölümlerinin yarısını yayın ve bir spatula kullanarak dondurmayı her birinin üzerine yaklaşık 1 inç kalınlığında yayın.

j) 8 sandviç yapmak için kalan bölümleri üstüne koyun. Kenarları düzeltmek için taşan dondurmaları kauçuk bir spatula ile kazıyın.

k) Daha sonra dondurmanın kenarlarını mini çikolata parçacıklarıyla dolu bir kaseye veya sığ tabağa batırın.

l) Her sandviçi plastik ambalaja sıkıca sarın, fermuarlı bir torbaya koyun ve dondurmanın sertleşmesine izin vermek için torbayı en az 1 saat dondurucuya koyun.

m) Hafifçe yumuşamasını sağlamak için servis yapmadan birkaç dakika önce sandviçi çıkarın.

70.Kırmızı Kadife Mini Çizkek'ler

İÇİNDEKİLER:
KIRMIZI KADİFE KURABİYE KATMAN
- 1 ve ½ su bardağı + 1 Yemek kaşığı çok amaçlı un
- ¼ fincan şekersiz kakao tozu
- 1 çay kaşığı karbonat
- ¼ çay kaşığı tuz
- ½ su bardağı oda sıcaklığında yumuşamış tuzsuz tereyağı
- ¾ su bardağı paketlenmiş açık veya koyu kahverengi şeker
- ¼ su bardağı toz şeker
- 1 yumurta, oda sıcaklığında
- 1 Yemek kaşığı süt
- 2 çay kaşığı saf vanilya özü
- 1 Yemek kaşığı kırmızı gıda boyası

PEYNİR KATMAN
- 12 ons krem peynir, oda sıcaklığına kadar yumuşatılmış
- 2 yemek kaşığı yoğurt
- ⅓ su bardağı toz şeker
- 1 büyük yumurta, oda sıcaklığında
- 1 çay kaşığı saf vanilya özü
- ½ fincan mini veya normal yarı tatlı çikolata parçaları

TALİMATLAR:
a) Fırını 350°F'ye önceden ısıtın.
b) İki adet 12'li muffin kalıbını kek kalıplarıyla kaplayın. Bir kenara koyun.
c) Kırmızı kadife kurabiye katmanını hazırlayın: Unu, kakao tozunu, kabartma tozunu ve tuzu geniş bir kapta bir araya getirin. Bir kenara koyun.
ç) Kürek aparatlı el tipi veya stand mikseri kullanarak tereyağını yüksek hızda krema kıvamına gelene kadar yaklaşık 1 dakika çırpın.
d) Gerektiğinde kasenin yanlarını ve altını kazıyın.
e) Mikseri orta hıza alıp esmer şekeri ve toz şekeri ekleyip birleşene kadar çırpın.
f) Yumurtayı, sütü ve vanilya özünü çırpın, gerektiğinde kasenin kenarlarını ve altını kazıyın.
g) Karıştırdıktan sonra gıda boyasını ekleyin ve birleşene kadar çırpın.

ğ) Mikseri kapatın ve kuru malzemeleri ıslak malzemelerin içine dökün. Mikseri düşük seviyeye getirin ve çok yumuşak bir hamur oluşana kadar yavaşça çırpın.
h) Hamurun daha kırmızı olmasını istiyorsanız daha fazla gıda boyası ekleyin. Hamur yapışkan bir kıvamda olacak.
ı) Her bir kek kalıbının altına 1 yemek kaşığı kurabiye hamurundan bastırın. "Yetersiz" diyorum çünkü aksi takdirde 22-24 adet mini Çizkek yapmaya yetmeyecek. Çizkek'i üstüne koymadan önce kabuğun önceden pişirilmesi için her partiyi 8 dakika pişirin.
i) Çizkek katmanını hazırlayın: Kürek aparatlı el mikseri veya stand mikseri kullanarak krem peynirini orta yükseklikte tamamen pürüzsüz hale gelinceye kadar çırpın.
j) Yoğurt ve şekeri ekleyip birleşene kadar yüksek devirde çırpın.
k) Yumurtayı ve vanilyayı ekleyin ve birleşene kadar orta ateşte çırpın.
l) Çikolata parçacıklarını yavaşça katlayın. Önceden pişirilmiş kurabiyenin üzerine 1 yemek kaşığı Çizkek hamurunu dökün ve kurabiyeyi tamamen kaplayacak şekilde yayın.
m) Mini Çizkek'leri tekrar fırına verin ve yaklaşık 20 dakika daha pişirmeye devam edin.
n) Üstleri çok çabuk kahverengileşiyorsa kapları alüminyum folyoyla örtün.
o) Tezgahın üzerinde 30 dakika soğumaya bırakın, ardından buzdolabında 1,5 saat daha bekletin.
ö) Kurabiye kapları 12-24 saat boyunca oda sıcaklığında taze ve kapalı kalır ve daha sonra 3 güne kadar buzdolabında saklanmalıdır.

71.Kırmızı Kadife Krem Peynirli Muffinler

İÇİNDEKİLER:
kırıntı tepesi
- ½ su bardağı toz şeker
- ¼ bardak çok amaçlı un
- 2 yemek kaşığı tuzsuz tereyağı

KREM PEYNİR KARIŞIMI
- 4 ons krem peynir yumuşatılmış
- ¼ su bardağı toz şeker
- ½ çay kaşığı vanilya özü

ÇÖREK, KEK
- 1 ¼ bardak çok amaçlı un
- ½ su bardağı toz şeker
- 2 çay kaşığı kabartma tozu
- ½ çay kaşığı tuz
- 1 büyük yumurta
- ½ su bardağı bitkisel yağ
- ⅓ bardak süt
- 2 yemek kaşığı şekersiz kakao tozu
- 2 çay kaşığı kırmızı gıda boyası

TALİMATLAR:

a) Fırını 375° F'ye önceden ısıtın.
b) Muffin tepsisini astarlarla kaplayarak veya yapışmaz pişirme spreyi sıkarak hazırlayın.

kırıntı tepesi

c) Orta boy bir kaseye un, şeker ve tereyağı ekleyin. Bir çatal kullanarak, iri kırıntılar oluşana kadar tereyağını kesin.

KREM PEYNİR KARIŞIMI

ç) Başka bir kapta krem peyniri, şekeri ve vanilyayı pürüzsüz hale gelinceye kadar krema haline getirin.

ÇÖREK, KEK

d) Stand mikserinin kasesine un, kabartma tozu ve tuzu ekleyin ve birleştirmek için çırpın.
e) Yumurta, yağ, süt, kakao tozu ve kırmızı gıda boyasını ekleyin ve birleşene kadar karıştırın.
f) Krem peynir karışımını muffin hamurunun içine katlayın, fazla karıştırmamaya dikkat edin.
g) Hamuru hazırlanan muffinlerin içine, her birini yaklaşık ⅔ dolu olacak şekilde doldurun.
ğ) Her muffin üzerine kırıntı tepesini eşit şekilde serpin.
h) 375° F'de 17-19 dakika veya ortasına batırdığınız kürdan temiz çıkana kadar pişirin.
ı) Muffinlerin yaklaşık 10 dakika boyunca tavada soğumasını bekleyin, ardından tamamen soğumaları için bir soğutma rafına aktarın.

72.Kırmızı Kadife Ahududulu Tart

İÇİNDEKİLER:
- 1 yaprak buzdolabında pasta hamuru
- 1 büyük yumurta akı, hafifçe dövülmüş
- ¼ bardak çekirdeksiz ahududu reçeli
- ⅔ bardak tereyağı yumuşatılmış
- ¾ bardak şeker
- 3 büyük yumurta
- 1 büyük yumurta sarısı
- 1 yemek kaşığı pişirme kakaosu
- 2 çay kaşığı kırmızı macun gıda boyası
- 1 su bardağı öğütülmüş badem
- buz örtüsü

TALİMATLAR:
a) Fırını 350°'ye önceden ısıtın. Hamur tabakasını 9 inçlik bir şekilde açın. çıkarılabilir tabanlı yivli tart kalıbı; jantla birlikte düzeltin. 10 dakika dondurun.

b) Hamur işlerini çift kalınlıkta folyo ile kaplayın. Pasta ağırlıkları, kuru fasulye veya pişmemiş pirinçle doldurun. 12-15 dakika veya kenarları altın rengi kahverengi olana kadar pişirin.

c) Folyoyu ve ağırlıkları çıkarın; Kabuğun altını yumurta akı ile fırçalayın. 6-8 dakika daha uzun süre veya altın rengi kahverengi olana kadar pişirin. Tel raf üzerinde soğutun.

ç) Kabuğun tabanına reçel sürün. Bir kapta tereyağını ve şekeri hafif ve kabarık olana kadar kremalayın. Yumurtaları, yumurta sarısını, kakaoyu ve gıda boyasını yavaş yavaş çırpın. Öğütülmüş bademleri katlayın. Reçeli üzerine yayın.

d) 30-35 dakika veya dolgu hazır olana kadar pişirin. Tel raf üzerinde tamamen soğutun.

e) Küçük bir kapta şekerleme şekerini ve suyu karıştırın ve pürüzsüz hale gelinceye kadar ekstrakte edin; tartın üzerine gezdirin veya sıkın. Artıkları soğutun.

73. Kırmızı Kadife Sufle

İÇİNDEKİLER:

- 1 yemek kaşığı tereyağı
- 3 yemek kaşığı toz şeker
- 4 ons acı tatlı çikolatalı pişirme çubuğu, doğranmış
- 5 büyük yumurta, ayrılmış
- ⅓ su bardağı toz şeker
- 3 yemek kaşığı süt
- 1 yemek kaşığı kırmızı sıvı gıda boyası
- 1 çay kaşığı vanilya özü
- Bir tutam tuz
- 2 yemek kaşığı toz şeker
- Toz şeker
- Ekşi Krema Çırpılmış

TALİMATLAR:

a) Fırını 350°'ye önceden ısıtın.
b) Kalıpların altını ve yanlarını tereyağı ile yağlayın.
c) Fazlalığı silkeleyerek 3 yemek kaşığı şekeri hafifçe kaplayın. Bir fırın tepsisine yerleştirin.
ç) Çikolatayı mikrodalgaya dayanıklı geniş bir kapta YÜKSEK sıcaklıkta 1 dakika ila 1 dakika 15 saniye veya eriyene kadar mikrodalgada ısıtın, 30 saniyelik aralıklarla karıştırın.
d) 4 yumurta sarısını, ⅓ su bardağı şekeri ve sonraki 3 malzemeyi karıştırın.
e) 5 yumurta aklarını ve tuzu ağır hizmet tipi elektrikli stand mikseriyle köpürene kadar yüksek hızda çırpın.
f) Sert zirveler oluşuncaya kadar yavaş yavaş 2 yemek kaşığı şeker ekleyin.
g) Yumurta beyazı karışımını çikolata karışımına üçte bir oranında katlayın.
ğ) Hazırlanan ramekinlere kaşıkla dökün.
h) Baş parmağınızın ucunu ramekinlerin kenarları boyunca gezdirin, silerek temizleyin ve karışımın kenarlarında sığ bir girinti oluşturun.
ı) 350°'de 20 ila 24 dakika veya sufle kabarıp sertleşene kadar pişirin.
i) Pudra şekeri serpin; Çırpılmış Ekşi Krema ile hemen servis yapın.

74. Beyaz Çikolata Dolgulu Kırmızı Kadife Parmak İzi Kurabiyeleri

İÇİNDEKİLER:

- 1 1/4 bardak çok amaçlı un
- 1/4 su bardağı şekersiz kakao tozu
- 1/2 çay kaşığı kabartma tozu
- 1/4 çay kaşığı tuz
- 1/2 bardak tuzsuz tereyağı, yumuşatılmış
- 2/3 su bardağı toz şeker
- 1 büyük yumurta
- 1 yemek kaşığı süt
- 1 çay kaşığı vanilya özü
- kırmızı gıda boyası
- Eritilmiş beyaz çikolata (doldurmak için)

TALİMATLAR:

a) Fırınınızı önceden 350°F (175°C) ısıtın. Bir fırın tepsisini parşömen kağıdıyla hizalayın.
b) Orta boy bir kapta un, kakao tozu, kabartma tozu ve tuzu birlikte çırpın. Bir kenara koyun.
c) Ayrı bir büyük kapta tereyağı ve şekeri hafif ve kabarık olana kadar çırpın. Yumurta, süt, vanilya özü ve kırmızı gıda boyasını ekleyin. İyice birleşene kadar karıştırın.
ç) Kuru malzemeleri yavaş yavaş ıslak malzemelere ekleyin ve bir hamur oluşana kadar karıştırın.
d) Hamuru 1 inçlik toplar halinde şekillendirin ve hazırlanan fırın tepsisine yerleştirin.
e) Baş parmağınızı veya çay kaşığının arkasını kullanarak her kurabiyenin ortasına bir girinti yapın.
f) 10-12 dakika veya ayarlanana kadar pişirin. Fırından çıkarın ve birkaç dakika soğumaya bırakın.
g) Her girintiyi eritilmiş beyaz çikolatayla doldurun.
ğ) Servis yapmadan önce kurabiyelerin tamamen soğumasını bekleyin.

75.Kırmızı Kadife Kahveli Kek

İÇİNDEKİLER:
- 2 fincan çok amaçlı un
- 1 su bardağı toz şeker
- 1/2 bardak tuzsuz tereyağı, yumuşatılmış
- 1/2 bardak ekşi krema
- 2 yumurta
- 1/4 bardak kakao tozu
- 1 çay kaşığı kabartma tozu
- 1/2 çay kaşığı karbonat
- 1/2 çay kaşığı tuz
- 1/2 bardak süt (veya süt ürünü olmayan alternatif)
- 1 çay kaşığı vanilya özü
- Kırmızı gıda boyası (arzuya göre)
- 1/2 su bardağı damla çikolata (isteğe bağlı)

TALİMATLAR:
a) Fırınınızı önceden 350°F (175°C) ısıtın. Bir fırın kabını yağlayın.
b) Büyük bir karıştırma kabında yumuşatılmış tereyağını ve toz şekeri hafif ve kabarık olana kadar krema haline getirin.
c) Yumurtaları teker teker ekleyin ve her eklemeden sonra iyice karıştırın.
ç) Ekşi krema ve vanilya özünü iyice birleşene kadar karıştırın.
d) Ayrı bir kapta un, kakao tozu, kabartma tozu, kabartma tozu ve tuzu birlikte çırpın.
e) Kuru malzemeleri yavaş yavaş ıslak malzemelere ekleyin, sütle dönüşümlü olarak ekleyin ve birleşene kadar karıştırın.
f) İstenilen renk elde edilene kadar iyice karıştırarak kırmızı gıda boyasını ekleyin.
g) Kullanıyorsanız çikolata parçacıklarını katlayın.
ğ) Hamuru hazırlanan pişirme kabına dökün ve eşit şekilde dağıtın.
h) Önceden ısıtılmış fırında 35-40 dakika veya ortasına batırdığınız kürdan temiz çıkana kadar pişirin.
ı) Piştikten sonra fırından çıkarın ve servis yapmadan önce biraz soğumasını bekleyin. Kırmızı kadife Kahveli Kekinizin tadını çıkarın!

76. Kırmızı Kadife Çizkek Mousse

İÇİNDEKİLER:

- 6 ons Krem Peynir blok tarzı yumuşatılmış
- ½ fincan Ağır Krema
- 2 yemek kaşığı Ekşi Krema tam yağlı
- ⅓ bardak Düşük Karbonhidratlı Toz Tatlandırıcı
- 1 ½ çay kaşığı Vanilya Ekstraktı
- 1 ½ çay kaşığı Kakao Tozu
- 1 çay kaşığı Doğal Kırmızı Gıda Boyası
- Stevia damlalarıyla tatlandırılmış çırpılmış ağır krema
- Şekersiz Çikolata Bar talaşı

TALİMATLAR:

a) Elektrikli el mikseri veya stand mikseri olan büyük bir karıştırma kabına yumuşatılmış krem peynir, ağır krema, ekşi krema, toz tatlandırıcı ve vanilya özü ekleyin.

b) Bir dakika boyunca düşük seviyede, ardından birkaç dakika boyunca orta derecede, kalın, kremsi ve iyice birleşene kadar karıştırın.

c) Kakao tozu ekleyin ve birleşene kadar yüksek hızda karıştırın, iyice karıştırmak için yan tarafını lastik bir kazıyıcıyla kazıyın.

ç) Kırmızı gıda boyasını ekleyip karışana veya puding kıvamına gelinceye kadar karıştırın.

d) Musu küçük bir tatlı bardağına veya kaseye sıkmak için kaşıkla veya bir hamur torbası kullanın.

e) Bir parça şekersiz çırpılmış krema ve isteğe bağlı biraz rendelenmiş şekersiz çikolata ile süsleyin. Sert

f) Stevia damlaları ile tatlandırılmış çırpılmış Ağır Krema, Şekersiz Çikolata Bar talaşı

77.Kırmızı Kadife-Berry Cobbler

İÇİNDEKİLER:
- 1 yemek kaşığı mısır nişastası
- 1 ¼ su bardağı şeker, bölünmüş
- 6 su bardağı çeşitli taze meyveler
- ½ su bardağı yumuşatılmış tereyağı
- 2 büyük yumurta
- 2 yemek kaşığı kırmızı sıvı gıda boyası
- 1 çay kaşığı vanilya özü
- 1 ¼ bardak çok amaçlı un
- 1 ½ yemek kaşığı şekersiz kakao
- ¼ çay kaşığı tuz
- ½ bardak ayran
- 1 ½ çay kaşığı beyaz sirke
- ½ çay kaşığı karbonat

TALİMATLAR:
a) Fırını 350°'ye önceden ısıtın. Mısır nişastası ve ½ su bardağı şekeri karıştırın.
b) Çilekleri mısır nişastası karışımıyla karıştırın ve hafifçe yağlanmış 11 x 7 inçlik bir pişirme kabına kaşıklayın.
c) Tereyağını orta hızda elektrikli bir karıştırıcıyla kabarıncaya kadar çırpın; kalan ¾ bardak şekeri yavaş yavaş ekleyerek iyice çırpın.
ç) Yumurtaları teker teker ekleyin ve her eklemeden sonra karışana kadar çırpın.
d) Kırmızı gıda boyasını ve vanilyayı karışana kadar karıştırın.
e) Un, kakao ve tuzu birleştirin. 2 bardaklık sıvı ölçüm kabında ayran, sirke ve kabartma tozunu birlikte karıştırın.
f) Un karışımını, un karışımıyla başlayıp biten, dönüşümlü olarak ayran karışımıyla tereyağı karışımına ekleyin.
g) Her eklemeden sonra karışana kadar düşük hızda çırpın.
ğ) Meyveli karışımın üzerine kaşıkla hamur dökün.
h) 350°C'de 45 ila 50 dakika veya kek malzemesinin ortasına yerleştirilen tahta kürdan temiz çıkana kadar pişirin. Tel ızgara üzerinde 10 dakika soğutun.

78.Kırmızı Kadife Meyveli Kek

İÇİNDEKİLER:
- 200 gram Maida
- 220 gram Pudra Şekeri
- 1 yemek kaşığı Kakao tozu
- 150 ml Bitkisel yağ
- 250 ml Ayran
- 1 çay kaşığı Kabartma Tozu
- ½ çay kaşığı Kabartma tozu
- ¼ çay kaşığı Tuz
- ½ çay kaşığı Sirke
- 1 yemek kaşığı Vanilya Özü
- ½ fincan Ağır Krema

Süslemek için:
- Çikolata sanatı
- Kivi ve Üzüm
- Bal
- Tatlı Taşlar

TALİMATLAR:
a) Yukarıda belirtilen tüm kuru malzemeleri bir kaseye ekleyin ve topaklanmayı önlemek için birlikte eleyin.
b) Şimdi ayran, bitkisel yağ, vanilya özü ve pancar ezmesini ekleyin ve pürüzsüz bir hamur elde edene kadar iyice karıştırın.
c) Son olarak sirkeyi ekleyip iyice karıştırın.
ç) 6 inçlik 1 kek kalıbını alın ve muffin kalıbını yağla yağlayın ve Maida kullanarak tozlayın,
d) hamuru üzerlerine eşit miktarda dökün.
e) Mikrodalga fırını 10 dakika boyunca 180°C'ye önceden ısıtın. Bunları önceden ısıtılmış bir mikrodalga fırında 20-25 dakika veya her mikrodalga fırına bağlı olarak pişene kadar pişirin.
f) Ağır kremayı 3-4 dakika çırpın ve donmaya bırakın.
g) Kivi ve üzümleri kesin.
ğ) Piştikten sonra soğumaya bırakın ve kalıptan çıkarın.
h) Her iki kekin üzerine de krem şanti sürün ve üzerini mücevherlerle, çikolatayla, doğranmış meyvelerle ve son olarak balla süsleyin.

79.Kırmızı Kadife Bisküvi

İÇİNDEKİLER:

- 2 su bardağı kendiliğinden kabaran un
- ½ çay kaşığı tartar kreması
- ⅛ çay kaşığı tuz
- 1 yemek kaşığı şekersiz kakao tozu
- 2 yemek kaşığı toz şeker
- ¾ bardak soğuk ayran
- ½ bardak soğuk tuzsuz tereyağı rendelenmiş
- ¼ fincan tereyağı aromalı sebze yağı
- 1 çay kaşığı vanilya özü
- ½ ons kırmızı gıda boyası

TALİMATLAR:

a) Kendiliğinden kabaran unu, tuzu, kakao tozunu, şekeri ve tartar kremasını geniş bir kapta birleştirin.
b) Malzemeleri iyice birleşene kadar eleyin veya karıştırın.
c) Tüm kuru malzemeleri stand mikser kasesine ekleyin.
ç) Tereyağı, katı yağ, ayran ve gıda boyasını ekleyin.
d) Stand mikserini açın ve kırmızı hamur haline gelinceye kadar malzemelerin orta hızda karışmasını sağlayın.
e) Hamur kıvamını aldıktan sonra hafif unlanmış düz bir zemin üzerinde merdane yardımıyla açın.
f) Bisküvileri konserve kapağı, bisküvi kesici veya kurabiye kesici kullanarak kesin.
g) Bisküvileri fırın tepsisine dizin.
ğ) Bisküvileri 400 F'de 12-15 dakika pişirin.
h) Bittiğinde, hala sıcakken bisküvilerin üzerine tereyağını fırçalayın veya sürün.

80.Kırmızı Kadife Makaronlar

İÇİNDEKİLER:
- ½ bardak + 2 yemek kaşığı ince badem unu, beyazlatılmış
- ½ su bardağı pudra şekeri
- 1 çay kaşığı şekersiz kakao tozu
- 2 büyük yumurta akı
- bir tutam tartar kreması
- ¼ su bardağı + 1 çay kaşığı toz şeker
- kırmızı jel gıda boyası
- Krem Peynirli Krema

TALİMATLAR:

a) Badem ununu, pudra şekerini ve şekersiz kakao tozunu geniş bir kaseye eleyin ve bir kenara koyun.
b) Yumurta aklarını bir çırpma teli ile stand mikserinin kasesine ekleyin ve yumurta aklarının yüzeyi küçük kabarcıklarla kaplanana kadar orta hızda karıştırın.
c) Bir tutam krem tartar ekleyin ve yumuşak zirve aşamasına ulaşana kadar karıştırmaya devam edin.
ç) Daha sonra yavaş yavaş toz şekeri ekleyin ve orta hızda 30 saniye kadar karıştırın. Karıştırma hızını orta-yüksek hıza yükseltin. Sert, parlak tepeler oluşana kadar karıştırmaya devam edin.
d) Bu noktada kırmızı jel gıda boyasını ekleyin. Bir sonraki adımda karışacaktır.
e) Kuru malzemeleri beze ekleyin ve kalın bir hamur şeridi kaldırıldığında spatuladan sürekli bir akış halinde akana kadar dairesel bir hareketle birlikte katlayın.
f) Hamuru, orta büyüklükte yuvarlak bir boru ucuyla donatılmış büyük bir sıkma torbasına dökün ve hazırlanan fırın tepsilerine yaklaşık 1 inç aralıklarla 1 ¼ inçlik yuvarlak sıkın.
g) Hava kabarcıklarının çıkması için tavaları birkaç kez tezgaha kuvvetlice vurun, ardından yüzeye çıkan kalan hava kabarcıklarını kürdan veya kalemle patlatın.
ğ) Makaronları 30 dakika veya kabukları oluşana kadar dinlendirin.
h) Makaronlar dinlenirken fırını 315 F / 157 C'ye ısıtın.
ı) Tek seferde bir tepsi makarnayı fırınınızın orta rafında 15-18 dakika kadar pişirin ve tavayı yarıya kadar çevirin.
i) Fırından çıkarın ve makarnaları yaklaşık 15 dakika tavada soğumaya bırakın, ardından silpat matından yavaşça çıkarın.
j) Kabukları eşleştirin ve ardından bir makaron kabuğunu donduran bir parça krem peyniri sıkın. Bir sandviç oluşturmak için kremanın üzerine ikinci bir kabuğu yavaşça bastırın.
k) İstenirse üzerine biraz beyaz çikolata gezdirin ve garnitür olarak kullanmak üzere iki makarna kabuğunu ezin.
l) Bitmiş makaronları hava geçirmez bir kaba koyun ve buzdolabında bir gece soğutun, ardından oda sıcaklığına ısınmasını sağlayın ve keyfini çıkarın!

81. Nane Eklerleri

İÇİNDEKİLER:
PATE A CHOUX İÇİN:
- ½ su bardağı tuzsuz tereyağı
- 1 bardak su
- ¼ çay kaşığı tuz
- 1 fincan çok amaçlı un
- 4 büyük yumurta

NANE DOLGUSU İÇİN:
- ½ bardak tuzsuz tereyağı, yumuşatılmış
- 4 ons krem peynir, yumuşatılmış
- ½ su bardağı şekerli yoğunlaştırılmış süt
- 1 ½ bardak ağır krema, soğutulmuş
- 1 su bardağı şekerleme şekeri (isteğe bağlı)
- 1 çay kaşığı vanilya
- ¼ çay kaşığı nane yağı

GARNİTÜR İÇİN:
- 1,5 su bardağı eritilmiş beyaz çikolata
- ½ su bardağı ezilmiş şeker kamışı
- Kırmızı gıda boyası (isteğe bağlı)

TALİMATLAR:
PATE A CHOUX İÇİN:
a) Fırını önceden 425F / 218C'ye ısıtın ve bir fırın tepsisini parşömen kağıdıyla hizalayın.
b) Bir tencerede tereyağını eritip, su ve tuzu ekleyip kaynamaya bırakın.
c) Un ekleyin ve bir hamur topu oluşana kadar çırpın. 20 dakika soğumaya bırakın.
ç) Yumurtaları teker teker ekleyin ve her eklemeden sonra iyice karıştırın.
d) Hamuru bir hamur torbasına aktarın ve fırın tepsisine 4 ila 6 inçlik eklerleri sıkın.
e) 425F/218C'de 10 dakika pişirin, ardından ısıyı 375F/190C'ye düşürün ve altın rengi oluncaya kadar 40-45 dakika pişirin. Fırın kapağını açmayın.

DOLDURMAK İÇİN:
f) Yumuşatılmış tereyağı ve krem peyniri pürüzsüz hale gelinceye kadar çırpın.
g) Şekerli yoğunlaştırılmış sütü ekleyin ve krema kıvamına gelinceye kadar karıştırın.
ğ) Soğutulmuş ağır kremayı, vanilyayı ve nane yağını ekleyin. Sert zirveler oluşana kadar karıştırın.

ECLAIRS'IN MONTAJI:
h) Ekleri tamamen soğutun ve doldurmak için delikler açın.
ı) Doldurma ucunu sıkma torbasına aktarın ve uçlarından krema çıkana kadar eklerleri doldurun.
i) Süslemek için eklerleri eritilmiş beyaz çikolataya batırın, ardından ezilmiş baston şekerleri serpin.
j) İsteğe bağlı olarak 1 bardak çırpılmış krema ayırın, kırmızı gıda boyası ekleyin ve sade eklerlerin üzerine sıkın. Ezilmiş şeker kamışlarıyla süsleyin.
k) Birkaç saat içinde tüketilmediği takdirde buzdolabında saklayın. En iyi keyif 2-3 gün içinde alınır.

82.Guava Şifon Pastası

İÇİNDEKİLER:
PASLANMAZ BÖREK KABUK:
- 1 su bardağı Un
- ¼ çay kaşığı Tuz
- ¼ fincan Kısaltma
- ¼ bardak Tereyağı (soğuk)
- Soğuk su (gerektiği kadar)

DOLGU:
- 1 Zarf aromasız jelatin
- 1 yemek kaşığı Limon suyu
- 4 yumurta; ayrılmış
- 1 bardak Guava suyu
- ¾ bardak Şeker
- Birkaç damla kırmızı gıda boyası
- ⅛ çay kaşığı tartar kreması

SÜSLEME:
- Şekerli çırpılmış krema
- Guava dilimleri

TALİMATLAR:
PASLANMAZ BÖREK KABUK:
a) Un ve tuzu birleştirin. Topaklar bezelye büyüklüğüne gelinceye kadar yağ ve tereyağını kesin.
b) Suyu ekleyin ve karışım nemlenene kadar karıştırın. Bir topun içine bastırın ve 45 dakika soğutun.
c) Unlanmış tezgahta, iyice unlanmış veya oklavayla kaplanmış bir merdaneyle açın. Hamuru dikkatlice 9 inçlik bir pasta tabağına aktarın. Pierce'ın her şeyi çatalla bitti.
ç) 400°F'de 15 dakika pişirin. Serin.

DOLGU:
d) Jelatini limon suyunda yumuşatın ve bir kenara koyun.
e) Bir tencerede yumurta sarısını, guava suyunu ve ½ bardak şekeri birleştirin. Birkaç damla kırmızı gıda boyası ekleyin.
f) Karışım koyulaşana kadar orta ateşte karıştırarak pişirin.
g) Jelatin karışımını ekleyin ve eriyene kadar karıştırın. Karışımı yenilmemiş yumurta akı kıvamına gelinceye kadar soğutun.
ğ) Yumurta aklarını ve tartar kremasını yumuşak zirveler oluşuncaya kadar çırpın. Yavaş yavaş ¼ bardak şekeri ekleyin ve sert zirveler oluşana kadar çırpın.
h) Jelatin karışımını katlayın ve pişmiş hamur işi kabuğunun içine dökün. Sakin olmak.

SÜSLEME:
ı) Üstüne şekerli çırpılmış krema ekleyin.
i) Guava dilimleriyle süsleyin.
j) Canlandırıcı Guava Şifon Pastanızın tadını çıkarın!

83.Kırmızı Kadife Bundt Kek

İÇİNDEKİLER:

- 1 ¼ su bardağı bitkisel yağ
- 1 bardak ayran
- 2 yumurta
- 2 yemek kaşığı kırmızı gıda boyası
- 1 çay kaşığı elma sirkesi
- 1 çay kaşığı vanilya özü
- 2 ½ su bardağı sade un
- 1 ¾ su bardağı pudra şekeri
- 1 çay kaşığı karbonat
- Bir tutam tuz
- 1 ½ yemek kaşığı kakao tozu

KREM PEYNİR SIR:

- 225 gr (8 ons) krem peynir, oda sıcaklığında
- 5 yemek kaşığı tuzsuz tereyağı
- 2 ½ su bardağı pudra şekeri
- 1 çay kaşığı vanilya özü

TALİMATLAR:

a) Fırını önceden 180 derece C'ye ısıtın. Tavayı yağlayın ve unlayın.

b) Stand mikserinde veya elektrikli mikserle yağı, ayranı, yumurtayı, gıda boyasını, sirkeyi ve vanilyayı birleştirin. İyice karıştırın.

c) Ayrı bir kapta kuru malzemeleri birlikte eleyin. Yavaş yavaş ıslak malzemelere ekleyin, pürüzsüz hale gelinceye kadar çırpın.

ç) Hamuru hazırlanan tavaya dökün. 50 dakika veya kürdan temiz çıkana kadar pişirin.

d) Fırından çıkarın ve 10 dakika bekletin. Kenarlarını yavaşça gevşetin ve tamamen soğuması için tel ızgaraya çevirin.

e) Soğuduktan sonra üzerine krem şantiyi kaşıkla dökün.

KREM PEYNİR SIRASINI HAZIRLAMAK İÇİN:

f) Tereyağı ve krem peyniri bir stand mikserinde veya elektrikli bir karıştırıcıyla birleştirin.

g) Yavaş yavaş şekeri ve vanilyayı düşük hızda ekleyerek birleştirin, ardından yüksek hızda üç dakika çırpın.

84.Kırmızı Kadife Buz Kutusu Pastası

İÇİNDEKİLER:

- 2 su bardağı ezilmiş çikolatalı gofret kurabiye veya çikolatalı graham kraker
- ½ su bardağı eritilmiş tereyağı
- ¼ su bardağı toz şeker
- 12,2 onsluk Kırmızı kadife Oreo kurabiye paketi
- 8 ons krem peynir, yumuşatılmış
- 3,4 onsluk hazır Çizkek puding karışımı kutusu
- 2 bardak tam yağlı süt veya yarım buçuk
- 8 ons dondurulmuş çırpılmış tepesi

TALİMATLAR:

a) Fırını önceden 375°F'ye ısıtın. Pişirme spreyi ile 9 inç derinliğinde bir tabak pasta tabağına hafifçe püskürtün.

b) Küçük bir kapta kurabiye kırıntılarını, tereyağını ve şekeri karıştırın. İyice karıştırdıktan sonra pasta tabağının altına ve yanlarına bastırın. 15 dakika veya ayarlanana kadar pişirin. Tamamen soğutun.

c) Süslemek için 5 bütün kurabiyeyi ayırın ve geri kalanını yeniden kapatılabilir bir plastik torbaya koyun.

ç) Kurabiyeleri ezin. Bir kenara koyun.

d) Orta boy bir karıştırma kabında krem peyniri, puding karışımını ve sütü krema haline getirmek için bir karıştırıcı kullanın. 2-3 dakika veya kremsi, kabarık ve pürüzsüz olana kadar çırpın.

e) Çırpılmış tepesi ve ezilmiş kurabiyeleri elle dolgunun içine katlayın. Soğuyan muhallebinin içine paylaştırın.

f) Üst kısmı kalan çırpılmış tepesi ve bütün kurabiyelerle istediğiniz gibi süsleyin.

g) Servis yapmadan önce en az 4 saat soğutun.

85. Kırmızı Ayna Sırlı Vişneli Çizkek

İÇİNDEKİLER:
PEYNİRLİ KEK İÇİN:
- 150 gr kiraz, çekirdekleri çıkarılmış, ayrıca garnitür için ekstra bir bütün kiraz
- ½ limon suyu
- 150 gr pudra şekeri
- 300 gr beyaz çikolata, parçalara ayrılmış
- 600 gr Philadelphia krem peyniri, oda sıcaklığında
- 300ml krema (oda sıcaklığında)
- 1 çay kaşığı vanilya özü

TABAN İÇİN:
- 75g tuzsuz tereyağı, eritilmiş, ayrıca yağlama için ekstra
- 175 gr sindirim bisküvisi

GLAZÜR İÇİN:
- 4 yaprak platin dereceli jelatin (Dr. Oetker)
- 225 gr pudra şekeri
- 175ml çift krema
- 100 gr beyaz çikolata, ince doğranmış
- 1 çay kaşığı kırmızı gıda boyası jeli

TALİMATLAR:

ÇIZKEK'İN HAZIRLANIŞI:

a) 20 cm'lik kelepçeli kalıbın tabanını ve kenarlarını hafifçe yağlayın. Tabanın klipslerini açın ve üzerine 30 cm genişliğinde bir daire şeklinde pişirme kağıdı yerleştirin.

b) Astarlı tabanı kalıba yeniden takın ve kolay servis için fazla kağıdın alttan sarkmasını sağlayın. Yanları bir parça pişirme kağıdıyla hizalayın.

c) Bir mutfak robotunda kirazları, limon suyunu ve 75 gr pudra şekerini birleştirin.

ç) Oldukça pürüzsüz olana kadar karıştırın. Karışımı orta boy bir tencereye aktarın, kaynatın, ardından ısıyı azaltın ve koyulaşıp şurup kıvamına gelinceye kadar 4-5 dakika pişirin. Tamamen soğumasına izin verin.

TABANI OLUŞTURMAK:

d) Sindirilen bisküvileri temiz bir kasede mutfak robotunda ince galeta unu kıvamına gelinceye kadar ezin. Karıştırma kabına aktarıp eritilmiş tereyağını ekleyerek karıştırın.

e) Sağlam ve eşit bir taban oluşturmak için karışımı hazırlanan kalıba bastırın. En az 20 dakika buzdolabında saklayın.

ÇIZKEK DOLGUNUN HAZIRLANIŞI:

f) Beyaz çikolatayı ısıya dayanıklı bir kapta, kaynayan suyun üzerinde eritin. Hala dökülebilir haldeyken oda sıcaklığına soğuması için bir kenara koyun.

g) Büyük bir karıştırma kabında krem peyniri pürüzsüz hale gelinceye kadar çırpın. Kremayı, kalan pudra şekerini ve vanilya özünü ekleyin. Hafifçe koyulaşana kadar çırpın. Soğuyan beyaz çikolatayı ekleyin.

ğ) Soğuyan tabanın üzerine krem peynir karışımının yarısını dökün. Üzerine vişne reçelini dökün ve bir şiş yardımıyla dolgunun içine doğru döndürün. Kalan krem peynir karışımını reçelin üzerine dökün, üstünün pürüzsüz olmasını sağlayın. Hava kabarcıklarını gidermek için kalıba hafifçe vurun ve sertleşene kadar en az 4 saat buzdolabında saklayın.

AYNA SIRLAMASININ YAPILMASI:

h) Jelatin yapraklarını bir kase soğuk suda birkaç dakika bekletin.

ı) Bir tencerede şekeri ve 120 ml taze kaynamış suyu birleştirin. Hafif ateşte, şeker eriyene kadar karıştırarak ısıtın. Kaynatın ve 2 dakika pişirin. Kremayı karıştırın ve 2 dakika daha pişirin. Ateşten alın, ıslatılmış jelatin yapraklarının fazla suyunu sıkın ve kremaya ekleyin, eriyene kadar karıştırın.

i) Krema karışımını 4-5 dakika soğumaya bırakın. Beyaz çikolatayı karıştırın. Kırmızı gıda boyası jelini ekleyin ve iyice karışana kadar karıştırın.

j) Sırları bir elekten geçirerek büyük bir kaseye süzün. Kabuk oluşumunu önlemek için ara sıra karıştırarak oda sıcaklığına gelene kadar 15-20 dakika soğumaya bırakın. Sır, çift krema gibi bir kıvama sahip olmalıdır.

ÇIZKEK'İN SÜRÜLMESİ:

k) Çizkek'i kalıptan dikkatlice çıkarın, pişirme kağıdını soyun ve altında bir tepsi olacak şekilde tel ızgaranın üzerine yerleştirin. Sıcak bir palet bıçağını yüzeyin üzerinde gezdirerek pürüzsüz hale getirin, ardından soğutulmuş sırın üçte ikisini tamamen kaplayacak şekilde üzerine dökün. Ayarlamak için 10 dakika buzdolabında bekletin.

l) Gerekirse kalan kremayı ısıtın ve Çizkek'e ikinci kat uygulamadan önce tekrar süzün. Üzerine bir kiraz ekleyin ve soğuyana kadar 5-10 dakika buzdolabında saklayın. Doğrudan raftan servis yapın veya bir palet bıçağı veya kek kaldırıcı kullanarak bir tabağa aktarın. Eğlence!

86.Kırmızı Kadife Pancarlı Kek

İÇİNDEKİLER:

- 1 bardak Crisco yağı
- ½ su bardağı tereyağı, eritilmiş
- 3 yumurta
- 2 bardak şeker
- 2½ su bardağı un
- 2 çay kaşığı tarçın
- 2 çay kaşığı karbonat
- 1 çay kaşığı tuz
- 2 çay kaşığı vanilya
- 1 bardak Harvard pancarı
- ½ su bardağı kremalı süzme peynir
- 1 bardak ezilmiş ananas, süzülmüş
- 1 su bardağı kıyılmış fındık
- ½ bardak hindistan cevizi

TALİMATLAR:

a) Yağ, tereyağı, yumurta ve şekeri karıştırın.
b) Unu, tarçını, sodayı ve tuzu ekleyin.
c) Vanilya, pancar, süzme peynir, ananas, fındık ve hindistan cevizini ekleyin.
ç) 9x13 inçlik bir tavaya dökün.
d) 350 derecede 40-45 dakika pişirin. Krem şanti ile servis yapın.

87.Pancar Grateni

İÇİNDEKİLER:

- 4 su bardağı dilimlenmiş pancar (hem kırmızı hem de sarı), ½ inç kalınlığında dilimlenmiş
- 1 su bardağı ince dilimlenmiş soğan
- 2 su bardağı Baharatlı ekmek kırıntısı
- 3 yemek kaşığı Tereyağı
- Üzerine serpmek için zeytinyağı
- Üzerine serpmek için parmesan peyniri
- Serpme için Creole baharatı
- Tuz ve beyaz biber

TALİMATLAR:

a) Fırını önceden 375 derece F'ye ısıtın. Tereyağlı gratine veya ağır bir pişirme kabına, pancarları, soğanları ve ekmek kırıntılarının yarısını her birine tereyağı sürün ve her katmanı zeytinyağı, Parmesan peyniri, Creole baharatı, tuz ve karabiberle baharatlayın. tatmak.

b) Üstüne ekmek kırıntısı tabakasıyla bitirin. Kapağı kapalı olarak 45 dakika pişirin. Kapağı açın ve 15 dakika daha veya üst kısmı kızarana ve kabarcıklar oluşana kadar pişirmeye devam edin. Doğrudan tabaktan servis yapın.

88.Pancar Yeşili Sufle

İÇİNDEKİLER:

- 3 yemek kaşığı Parmesan peyniri; rendelenmiş
- 2 orta boy Pancar; pişmiş ve soyulmuş
- 2 yemek kaşığı Tereyağı
- 2 yemek kaşığı Un
- ¾ bardak Tavuk suyu; sıcak
- 1 su bardağı pancar yeşillikleri; sotelenmiş
- ½ bardak Çedar peyniri; rendelenmiş
- 3 Yumurta sarısı
- 4 Yumurta beyazı

TALİMATLAR:

a) 1 qt tereyağı. sufle tabağı; Parmesan peyniri serpin. Pişen pancarları dilimleyip sufle kabının tabanına dizin.

b) Küçük bir tencerede tereyağını eritin, unu karıştırın, sıcak suyu ekleyin ve biraz koyulaşana kadar pişirmeye devam edin, ardından daha büyük bir kaseye aktarın. Pancar yeşilliklerini irice doğrayın ve kaşar peyniriyle birlikte sosa ekleyin.

c) Ayrı bir kapta yumurta sarısını çırpın; pancar yeşili karışımıyla karıştırın. Yumurta aklarını tepecikler oluşana kadar çırpın. Diğer malzemelerle birlikte bir kaseye katlayın; iyice karıştırın. Hepsini tereyağlı sufle kabına aktarın. Parmesan peyniri serpin.

ç) 350 F'de 30 dakika veya sufle kabarıp altın rengi oluncaya kadar pişirin.

89.Kırmızı Kadife Pancar Mus

İÇİNDEKİLER:

- 3 orta boy Pancar; Derileri üzerinde pişirildi
- 2½ bardak Tavuk suyu
- 2 paket Aromasız jelatin
- 1 su bardağı aromasız yoğurt
- 2 yemek kaşığı Limon veya limon suyu
- 1 küçük rendelenmiş soğan
- 1 yemek kaşığı Şeker
- 1 yemek kaşığı Hardal
- Tuz ve biber; tatmak

TALİMATLAR:

a) Pancarları soyun ve küp şeklinde pişirin.
b) Jelatini 6 T su içeren bir kaseye koyun ve karıştırın. 2 dakika bekletin ve karıştırarak sıcak tavuk suyunu dökün.
c) Jelatin dışındaki tüm malzemeleri birlikte işleyin. Doğru baharat.
ç) Soğutulmuş jelatini ekleyin ve karıştırmak için işleyin.
d) 6'ya ayarlamak için yağlanmış bir kalıba dökün. Kalıptan çıkarın ve tabağın ortasına tavuk köri salatası veya karides salatası ile servis yapın.

90.Pancarlı Fındıklı Ekmek

İÇİNDEKİLER:

- ¾ bardak Kısaltma
- 1 su bardağı Şeker
- 4 yumurta
- 2 çay kaşığı Vanilya
- 2 su bardağı rendelenmiş pancar
- 3 su bardağı Un
- 2 çay kaşığı kabartma tozu
- 1 çay kaşığı Kabartma tozu
- ½ çay kaşığı Tarçın
- ¼ çay kaşığı Öğütülmüş hindistan cevizi
- 1 su bardağı kıyılmış fındık

TALİMATLAR:

a) Yağ ve şekeri hafif ve kabarık olana kadar çırpın. Yumurta ve vanilyayı ekleyip karıştırın. Pancarları karıştırın.

b) Kombine kuru malzemeleri ekleyin; iyice karıştırın. Fındıkları karıştırın.

c) Yağlanmış ve unlanmış 9x5" somun tepsisine dökün.

ç) 350'F'de pişirin. 60-70 dakika veya ortasına batırılan tahta kürdan temiz çıkana kadar.

d) 10 dakika soğutun; tavadan çıkarın.

91. Kırmızı Kadife Çikolatalı Ahududu Ekleri

İÇİNDEKİLER:

PASTA HAMURU:
- 1 bardak su
- ½ su bardağı tuzsuz tereyağı
- 1 fincan çok amaçlı un
- 1 yemek kaşığı kakao tozu
- ¼ çay kaşığı tuz
- 4 büyük yumurta

KIRMIZI KADİFE ÇİKOLATALI PASTA KREMASI:
- 500 ml süt
- 120 gr şeker
- 50 gr sade un
- 60 gr kakao tozu
- 120 gr yumurta sarısı (yaklaşık 6 yumurta)
- kırmızı gıda boyası

ÇİKOLATA AHUDUDU GANAŞ:
- 200 ml ağır krema
- 200 gr bitter çikolata
- Ahududu özü veya püresi

TALİMATLAR:

PASTA HAMURU:

a) Fırınınızı önceden 200°C'ye (180°C fanlı) ısıtın ve fırın tepsisini parşömen kağıdıyla kaplayın.

b) Bir tencerede su, tereyağı, kakao tozu ve tuzu birleştirin. Orta ateşte kaynatın.

c) Unu bir kerede ekleyin, pürüzsüz bir hamur oluşana kadar kuvvetlice karıştırın. 1-2 dakika daha karıştırarak pişirmeye devam edin.

ç) Hamuru bir karıştırma kabına aktarın ve biraz soğumasını bekleyin.

d) Yumurtaları teker teker ekleyin, her eklemeden sonra iyice çırpın, hamur pürüzsüz ve parlak oluncaya kadar.

e) Choux hamurunu sıkma torbasına aktarın ve hazırlanan tepsiye éclair şekillerine sıkın.

f) Altın kahverengi olana ve kabarıncaya kadar pişirin. Soğumaya bırakın.

KIRMIZI KADİFE ÇİKOLATALI PASTA KREMASI:
g) Sütü bir tencerede ılık olana kadar fakat kaynatmayacak şekilde ısıtın.
ğ) Bir kapta şekeri, unu ve kakao tozunu birlikte çırpın.
h) Kuru malzemeleri yavaş yavaş ılık süte ekleyin ve topaklanmayı önlemek için sürekli çırpın.
ı) Ayrı bir kapta yumurta sarılarını çırpın. Sıcak süt karışımından bir kepçe yumurta sarılarına yavaş yavaş ve sürekli çırparak ekleyin.
i) Yumurta sarısı karışımını tekrar tencereye dökün ve pastacı kreması koyulaşana kadar pişirmeye devam edin.
j) Ateşten alın, istenilen renk elde edilene kadar kırmızı gıda boyası ekleyin ve soğumaya bırakın.

ÇİKOLATA AHUDUDU GANAŞ:
k) Ağır kremayı bir tencerede kaynamaya başlayana kadar ısıtın.
l) Sıcak kremayı bitter çikolatanın üzerine dökün. Bir dakika bekletin, sonra pürüzsüz hale gelinceye kadar karıştırın.
m) Ahududu aromasını aşılamak için çikolata ganajına ahududu özü veya püresi ekleyin.

TOPLANTI:
n) Soğuyan eklerleri yatay olarak ikiye bölün.
o) Sıkma torbasını kırmızı kadife çikolatalı pasta kremasıyla doldurun ve her eklerin alt yarısına sıkın.
ö) Her bir eklerin üst kısmını çikolatalı ahududu ganajına batırın ve fazlasının damlamasını sağlayın.
p) Ganajın donması için çikolataya batırılmış eklerleri tel ızgara üzerine yerleştirin.
r) İsteğe bağlı olarak, ekstra çöküntü için üstüne ilave ganaj gezdirin.

92.Rose Lychee Ahududu Makaronları

İÇİNDEKİLER:
MAKARON KABUKLARI İÇİN:
- 1 oda sıcaklığında yumurta akı (39-40g)
- 50 gr pudra şekeri
- 30 gr öğütülmüş badem
- 30 gr pudra şekeri
- ¼ çay kaşığı pembe veya kırmızı gıda boyası

GÜL LYCHEE AHUDUDU DOLGUSU İÇİN:
- 80 gr beyaz çikolata
- 4 konserve liçi
- ¼ çay kaşığı gül suyu
- Kutudan ½ çay kaşığı liçi şurubu
- 6-8 dondurulmuş/taze ahududu (ikiye bölünmüş)

TALİMATLAR:
MAKARON KABUKLARI İÇİN:

a) Öğütülmüş bademleri, gıda boyasını ve pudra şekerini bir mutfak robotuna veya küçük bir karıştırıcıya koyun. Bunları iyice karıştırın.
b) Karıştırdığınız karışımı eleyin ve bir kenara koyun.
c) Elektrikli çırpıcıyla yumurta beyazını düşük hızdan başlayarak yavaş yavaş maksimum hıza çıkararak çırpın. Köpürene kadar çırpın (çok sayıda ince kabarcık göreceksiniz).
ç) Şimdi pudra şekerini ekleme zamanı. Şekerin yarısını ekleyin, yaklaşık 2 dakika maksimum hızda çırpmaya devam edin, ardından diğer yarısını ekleyin ve çok sert tepecikler elde edene kadar devam edin.
d) Kuru malzemeleri yumurta aklarına karıştırın. Bu işleme Makaronaj denir. Kauçuk bir spatula ile katlamaya başlayın. Pürüzsüz bir lav akışı hamuru elde edene kadar karıştırmaya devam edin.
e) Pürüzsüz parlak bir karışım elde ettiğinizde katlamayı bırakın. Karışımı spatula ile kaldırın ve eğer karışım yavaşça kaseye geri akarsa, hazırsınız demektir. Ayrıca kaldırılan karışımdan oluşan çizgilerin 30 saniye içinde yavaş yavaş kaybolup kaybolmadığını da kontrol edebilirsiniz. Bu aşamada, gitmeye hazırsınız. Fazla sıvı hale geleceğinden ve borulanması çok zor olacağından aşırı katlamayın.
f) Makaronları fırın tepsisi üzerindeki fırın tepsisine sıkın. Makaronları hafifçe düzleştirmek için fırın tepsisinin tabanına elinizle vurun.
g) Makaronlarınızı yaklaşık 30 dakika bekletin. Bu, evinizdeki neme ve güne bağlı olacaktır. Makarona yumuşak bir şekilde dokunmayı deneyin; 30 dakika sonra elinize yapışmaması gerekir.
ğ) Fırınınızı sadece üstten ısıtma yaparak 150°C'ye ısıtın. Fırın hazır olduğunda makarnalarınızı en alt rafa dizin. 12 dakika pişirin, 6. dakikada kontrol edin. Ayaklar çoktan oluşmaya başlamalıdır. Eşit pişirme sağlamak için fırın tepsisini ters yönde çevirin. 6 dakika dolduğunda fırınınızın ısıtma ayarını sadece alt seviyeye getirin.
h) 6 dakika daha pişirin. Makaronun pişip pişmediğini kabuğa hafifçe dokunarak test edebilirsiniz, makaron ayaklar üzerinde kaymadığında pişmiş demektir. Değilse, her seferinde 1 dakika daha ekleyip kontrol edin.

ı) Makaronları çıkarmadan önce soğumasını bekleyin. Soğutma işlemini hızlandırmak için çalışma alanınızı ıslatabilir ve fırın tepsisini üzerine kaydırabilirsiniz, ancak orada çok uzun süre kalmasına izin vermeyin, aksi takdirde makarnalar ıslanır. Aksi halde oda sıcaklığında soğumaya bırakıp çıkarabilirsiniz.

GÜL LYCHEE AHUDUDU DOLGUSU İÇİN:
i) 4 konserve liçiyi küçük parçalara ayırın ve maksimum suyunu bir elekle sıkın. Bir kenara koyun. (Çok fazla sıvı, sıvı bir tür ganaj oluşmasına neden olur ve makarnanın kabuklarını yumuşatıp ıslatabilir).
j) Küçük bir tencereye, kısık ateşte doğranmış liçiyi koyun ve 1-2 dakika pişirin.
k) Gül suyu ve liçi şurubunu ekleyin. Hafifçe ısınmasına izin verin.
l) Ateşten alın. Son olarak beyaz çikolatayı ekleyip tüm çikolatalar eriyene ve iyice karışana kadar karıştırın.
m) Makaron kabuklarını ganajla doldurun, üstüne yarım ahududu koyun ve başka bir makarna kabuğuyla kapatın.
n) Tüm makaronları sıkmayı bitirdikten sonra hava geçirmez bir kaba koyun. Onları bir gece buzdolabında bırakın. Makaronları buzdolabında 48 saate kadar saklayabilirsiniz. Tüketilmiyorsa dondurun. 48 saat sonra dokularını kaybedebilirler.
o) Yemeden 20 dakika önce buzdolabından çıkarın. Eğlence!

93. Ravent Kurdele Brunch Kek

İÇİNDEKİLER:
- ¾ bardak şeker
- 3 yemek kaşığı mısır nişastası
- ¼ çay kaşığı öğütülmüş tarçın
- ⅛ çay kaşığı öğütülmüş hindistan cevizi
- ⅓ su bardağı soğuk su
- 2½ bardak dilimlenmiş taze veya dondurulmuş ravent
- İsteğe göre 3-4 damla kırmızı gıda boyası

VURUCU:
- 2¼ su bardağı çok amaçlı un
- ¾ bardak şeker
- ¾ bardak soğuk tereyağı, küp şeklinde
- ½ çay kaşığı kabartma tozu
- ½ çay kaşığı karbonat
- ½ çay kaşığı tuz
- 1 büyük yumurta, hafifçe dövülmüş
- ¾ bardak (6 ons) vanilyalı yoğurt
- 1 çay kaşığı vanilya özü

SÜSLEME:
- 1 büyük yumurta, hafifçe dövülmüş
- 8 ons Mascarpone peyniri
- ¼ bardak şeker
- ½ su bardağı kıyılmış ceviz
- ¼ bardak şekerli kıyılmış hindistan cevizi

TALİMATLAR:

a) Suyu, mısır nişastasını, tarçını, hindistan cevizini ve şekeri büyük bir tencerede pürüzsüz hale gelinceye kadar karıştırın. Ravent'i karışıma ekleyin. Kaynayana kadar ısıtın; pişirin ve koyulaşana kadar yaklaşık 2 dakika karıştırın. İsterseniz gıda boyası ekleyin. Kenara koymak.

b) Un ve şekeri geniş bir kapta karıştırın; Karışımın içine tereyağını iri kırıntı dokusu oluşana kadar kesin. Üzerini süslemek için 1 bardak ayırın. Kırıntı karışımının geri kalanına tuzu, kabartma tozunu ve kabartma tozunu ekleyin. Yumurtayı, yoğurdu ve vanilyayı küçük bir kapta karıştırın; pürüzsüz olana kadar bunları hamurun içine karıştırın. 9 inçlik bir alana yayıldı. yağlanmış yaylı tava.

c) Şekeri, Mascarpone peynirini ve yumurtayı karıştırın; karışımı hamurun üzerine kaşıkla dökün. Üzerine ravent karışımını ekleyin. Kaydedilen kırıntı karışımına cevizleri ve hindistan cevizini ekleyin; üstüne serpin.

ç) Kürdanla test edilene kadar 350°'de yaklaşık 60-65 dakika pişirin. 20 dakika boyunca tel ızgara üzerinde soğumaya bırakın; tavanın kenarlarını çıkarın. İyice soğumasını bekleyin.

94.Ahududu Çizkek Yermantarları

İÇİNDEKİLER:

- 2 Yemek Kaşığı Ağır Krema
- 8 ons Krem Peynir, Yumuşatılmış
- ½ Bardak Toz Swerve
- Bir tutam deniz tuzu
- 1 Çay Kaşığı Vanilya Stevia
- 1 ½ Çay Kaşığı Ahududu Özü
- 2-3 Damla Doğal Kırmızı Gıda Boyası
- ¼ Bardak Hindistan Cevizi Yağı, Eritilmiş
- 1 ½ Bardak Çikolata Cipsi, Şekersiz

TALİMATLAR:

a) Başlamak için, swerve ve krem peynirinizi krema kıvamına gelinceye kadar iyice birleştirmek için bir karıştırıcı kullanın.

b) Krema, ahududu özü, stevia, tuz ve gıda boyasını büyük bir karıştırma kabında birleştirin.

c) Her şeyin iyi bir şekilde birleştirildiğinden emin olun.

ç) Hindistan cevizi yağınızı ekleyin ve her şey iyice birleşene kadar yüksek devirde karıştırın.

d) Bitirmek için ihtiyaç duyduğunuz sıklıkta kasenizin kenarlarını kazımayı unutmayın. Bir saat kadar buzdolabında beklemesine izin verin. Hamuru yaklaşık ¼ inç çapında bir kurabiye kepçesine ve ardından parşömen kağıdıyla hazırlanmış bir fırın tepsisine dökün.

e) Bu karışımı bir saat dondurun ve ardından eritilmiş çikolatayla kaplayarak işlemi tamamlayın! Servis yapmadan önce sertleşmesi için bir saat daha buzdolabında bekletilmelidir.

95.Balkabaklı Çizkek

İÇİNDEKİLER:

- 16 ons portakal kremalı sandviç kurabiyesi
- 4 yemek kaşığı tereyağı, eritilmiş
- Yumuşatılmış üç adet 8 onsluk krem peynir paketi
- 1¼ su bardağı şeker, bölünmüş
- 4 yumurta
- 2 çay kaşığı vanilya özü, bölünmüş
- 16 onsluk ekşi krema kabı
- 5 damla kırmızı gıda boyası
- 10 damla sarı gıda boyası

TALİMATLAR:

a) Fırını önceden 350 derece F'ye ısıtın. 23 kurabiyeyi yeniden kapatılabilir bir plastik torbaya koyun. Bir oklava kullanarak kurabiyeleri ezin ve kırıntıları tereyağlı orta boy bir kaseye koyun; iyice karıştırın ve karışımı 10 inçlik yaylı tavanın tabanına yayın. Doldurmaya hazır olana kadar soğutun.

b) Büyük bir kapta, elektrikli çırpıcıyı orta hızda kullanarak krem peyniri ve 1 su bardağı şekeri krema kıvamına gelinceye kadar çırpın. Yumurtaları teker teker ekleyin, her eklemeden sonra iyice çırpın, ardından 1 çay kaşığı vanilyayı ekleyip iyice karıştırın.

c) 2 kurabiyeyi süslemek için ayırın ve kalan 8 kurabiyeyi parçalayın. Kurabiye parçalarını krem peynir karışımına karıştırın ve ardından kabuğa dökün.

ç) 55 ila 60 dakika veya sertleşinceye kadar pişirin. Fırından çıkarın ve 5 dakika soğumaya bırakın.

d) Bu arada, orta boy bir kapta, bir kaşık kullanarak ekşi kremayı, kalan şekeri, vanilyayı ve gıda boyasını iyice birleşene kadar karıştırın. Ekşi krema karışımını dikkatlice Çizkek'in üzerine yayın ve 5 dakika daha pişirin.

e) Soğumaya bırakın ve gece boyunca veya en az 8 saat soğutun. Kabak yüzünü ayırdığınız 2 adet kurabiye ile süsleyin.

f) Hemen servis yapın veya servise hazır olana kadar üzerini örtün.

96. Kırmızı Ayna Sırlı Şeker Cupcakes

İÇİNDEKİLER:
KAPKEK:
- 1 ¼ bardak çok amaçlı un
- ¾ bardak çok ince pudra şekeri
- 1 ½ çay kaşığı kabartma tozu
- ½ çay kaşığı ince tuz
- ¼ bardak tuzsuz tereyağı, yumuşatılmış
- 1 büyük yumurta
- ¾ bardak tam yağlı süt
- ¼ bardak bitkisel yağ
- 1 yemek kaşığı Yunan yoğurdu veya ekşi krema
- ½ çay kaşığı vanilya özütü veya vanilya fasulyesi ezmesi
- 1 çay kaşığı tarçın
- Üzerine sürmek için tuzlu karamel sosu
- Süslemek için nane yaprakları

ELMA KOMPOSTOSU:
- 5 adet yeşil elma, soyulmuş ve küp şeklinde doğranmış
- 2 yemek kaşığı esmer şeker
- 1 çay kaşığı limon suyu

KARAMEL MUSUS:
- 250 gr beyaz çikolata, ince doğranmış
- ⅓ bardak krema
- Bir tutam tuz
- 3 çay kaşığı aromasız toz jelatin
- 2 yemek kaşığı su
- 2 çay kaşığı vanilya özü
- 3 yemek kaşığı dulce de leche

KIRMIZI AYNA SIRASI:
- 200 gram şekerli yoğunlaştırılmış süt
- 300 gram toz şeker
- 150 gram su
- 350 gram beyaz çikolata parçacıkları
- 19 gram jelatin + ½ su bardağı çiçek açması için su
- 4-6 damla kırmızı gıda jeli

TALİMATLAR:

KARAMEL MUSUS:

a) Mikrodalgaya dayanıklı bir kapta beyaz çikolatayı, ⅓ fincan kremayı ve tuzu birleştirin. Çikolata eriyene ve karışım pürüzsüz hale gelinceye kadar her 30 saniyede bir karıştırarak 30 saniyelik artışlarla mikrodalgada ısıtın.

b) Karışımı büyük bir kaseye dökün ve ara sıra karıştırarak oda sıcaklığına soğumasını bekleyin.

c) Bu arada küçük bir kasede jelatin ve soğuk suyu karıştırarak jelatini hazırlayın. Suyu çekmesini bekleyin ve ardından erimesi için 15 saniye mikrodalgada tutun. Eritilmiş jelatini çikolata karışımına çırpın.

ç) Kalan 1 bardak ağır kremayı yumuşak zirvelere kadar çırpın. Dulce de leche'yi (veya tuzlu karamel sosunu) ekleyin ve sert zirveler oluşuncaya kadar çırpın. Çırpılmış kremanın yarısını yavaşça çikolata karışımına katlayın ve ardından kalan çırpılmış kremayı da ekleyin.

d) Musu silikon kalıplara dökün ve buzdolabında bir gece bekletin. Ayarlandıktan sonra yavaşça kalıplardan çıkarın.

KIRMIZI AYNA SIRASI:

e) Jelatini yarım bardak suyla karıştırıp 5 dakika bekletin.

f) Süt, şeker ve suyu bir tencerede orta ateşte ısıtın ve kaynamaya bırakın.

g) Çiçeklenmiş jelatini ekleyin ve eriyene kadar karıştırın.

ğ) Beyaz çikolata parçacıklarını büyük, ısıya dayanıklı bir kaseye yerleştirin. Sıcak karışımı çikolatanın üzerine dökün ve 5 dakika bekletin. Çikolata yumuşadıktan sonra kırmızı gıda jeli ekleyin ve karışımı pürüzsüz hale getirmek için bir blender veya el çırpma teli kullanın. Topakları gidermek için karışımı bir elekten geçirin.

h) Donmuş köpüğün üzerine dökmeden önce sırın 33°C'ye soğumasını bekleyin. Döküldüğünde çok ince ise 20 dakika bekletin ve ardından ikinci katı dökün. Tüm köpük kaplandıktan sonra kekleri ayna sırıyla soğutun.

KAPKEK:

ı) Geleneksel bir fırın için fırını 160°C'ye (320°F) veya 180°C'ye (356°F) önceden ısıtın. Cupcake kalıplarını kek kalıplarıyla kaplayın.

i) Kürek aparatıyla donatılmış bir stand mikserinin kasesinde un, kabartma tozu, pudra şekeri ve tuzu birleştirin. Bir kaç dakika kısık ateşte karıştırın. Yumuşatılmış tereyağını ekleyin ve ince kum benzeri bir doku elde edinceye kadar karıştırın.
j) Büyük bir kapta süt, yumurta, yoğurt (veya ekşi krema), yağ ve vanilya özünü birlikte çırpın.
k) Islak malzemeleri, kuru malzemeler görünmeyene kadar yavaş ve sabit bir akışla kuru malzemelere ekleyin. Kâseyi kazıyın, haşlanmış elmaları ekleyin ve 20 saniye daha karıştırın.
l) Her bir kek kalıbını ¾ oranında doldurun ve üzerine tuzlu karamel sosu gezdirin.
m) 30-35 dakika veya batırdığınız kürdan temiz çıkana kadar pişirin. Keklerin tel soğutma rafında tamamen soğumasını bekleyin.

KUPAKLARIN BİTİRİLMESİ:
n) Hazırlanan köpüğü her kekin üzerine dikkatlice yerleştirin.
o) Servis yapmadan hemen önce her keki kağıt pipet ve nane yaprağıyla süsleyin.

97.Kırmızı Kadife Whoopie Pies

İÇİNDEKİLER:
- 2 fincan çok amaçlı un
- 2 yemek kaşığı şekersiz kakao tozu
- 1 çay kaşığı kabartma tozu
- 1/2 çay kaşığı karbonat
- 1/2 çay kaşığı tuz
- 1/2 bardak tuzsuz tereyağı, yumuşatılmış
- 1 su bardağı toz şeker
- 2 büyük yumurta
- 1 çay kaşığı vanilya özü
- 1/2 bardak ayran
- 1 yemek kaşığı kırmızı gıda boyası
- Krem peynirli krema (mağazadan satın alınan veya ev yapımı)

TALİMATLAR:
a) Fırınınızı önceden 350°F (175°C) ısıtın. Fırın tepsilerini parşömen kağıdıyla hizalayın.
b) Orta boy bir kapta un, kakao tozu, kabartma tozu, kabartma tozu ve tuzu birlikte çırpın. Bir kenara koyun.
c) Büyük bir kapta, tereyağı ve şekeri hafif ve kabarık olana kadar krema haline getirin. Yumurtaları teker teker ekleyin ve her eklemeden sonra iyice çırpın. Vanilya ekstraktını karıştırın.
ç) Kuru malzemeleri yavaş yavaş ıslak malzemelere ekleyin, ayran ile dönüşümlü olarak iyice birleşene kadar karıştırın. Kırmızı gıda boyasını karıştırın.
d) Hazırlanan fırın tepsisine yemek kaşığı dolusu hamurdan yaklaşık 2 inç aralıklarla dökün.
e) 10-12 dakika veya kurabiyeler pişene kadar pişirin. Fırından çıkarın ve tamamen soğumaya bırakın.
f) Soğuduktan sonra, bir kurabiyenin düz tarafına krem peynirli kremayı sürün ve başka bir kurabiyeyle sandviç yapın. Kalan kurabiyeler ve buzlanma ile tekrarlayın.
g) Servis yapın ve tadını çıkarın!

98.Bourbon Soslu Kırmızı Kadife Ekmek Pudingi

İÇİNDEKİLER:
- 6 bardak küp şeklinde günlük ekmek (Fransız ekmeği işe yarar)
- 2 bardak süt
- 4 büyük yumurta
- 1 su bardağı toz şeker
- 1/4 su bardağı şekersiz kakao tozu
- 1 çay kaşığı vanilya özü
- 1 yemek kaşığı kırmızı gıda boyası
- 1/2 bardak çikolata parçacıkları
- Burbon Sosu:
- 1/2 su bardağı tuzsuz tereyağı
- 1 su bardağı toz şeker
- 1/4 bardak burbon
- 1/4 bardak ağır krema

TALİMATLAR:
a) Fırınınızı önceden 350°F (175°C) ısıtın. 9x13 inçlik bir pişirme kabını yağlayın.
b) Küp şeklinde ekmeği hazırlanan pişirme kabına yerleştirin.
c) Bir karıştırma kabında süt, yumurta, şeker, kakao tozu, vanilya özü ve kırmızı gıda boyasını iyice birleşene kadar çırpın.
ç) Karışımı ekmek küplerinin üzerine dökün ve tüm ekmeğin ıslanmasını sağlamak için hafifçe bastırın. En üste çikolata parçacıklarını serpin.
d) 35-40 dakika veya puding sertleşene ve üstü altın rengi kahverengi olana kadar pişirin.
e) Puding pişerken burbon sosunu hazırlayın: Bir tencerede tereyağını orta ateşte eritin. Şekeri, burbonu ve ağır kremayı karıştırın. Kaynatın, ardından ısıyı azaltın ve sürekli karıştırarak 5 dakika pişirin. Ateşten alın ve biraz soğumasını bekleyin.
f) Ekmek pudingini burbon sosla gezdirerek sıcak olarak servis edin.

99. Ahududu Lamingtonları

İÇİNDEKİLER:
SICAK SÜTLÜ PASTA İÇİN:
- 5 yumurta
- 1 bardak tam yağlı süt
- 6 yemek kaşığı tereyağı
- 2 su bardağı şeker (400 gram)
- 2 su bardağı kek unu (220 gram)
- 2 çay kaşığı kabartma tozu
- ½ çay kaşığı tuz
- 1 yemek kaşığı vanilya özü

AHUDUDU SIRASI İÇİN:
- 2 çay kaşığı jelatin tozu
- 1 su bardağı (200 gr) şeker
- 1 bardak su
- 10 ons dondurulmuş ahududu, çözülmüş
- 2 su bardağı (250 gr) şekerleme şekeri
- ¼ çay kaşığı kırmızı gıda boyası (isteğe bağlı)
- 2 su bardağı kurutulmuş hindistan cevizi

TALİMATLAR:
SICAK SÜTLÜ PASTA İÇİN:
a) Yumurtaları ısıtmak için bir kase ılık suya koyun. Fırını önceden 350°F'ye ısıtın.
b) İki adet 8 inçlik kare kek kalıbını yağlayın ve unlayın ve altını parşömen kağıdıyla hizalayın.
c) Bir tencerede süt ve tereyağını kısık ateşte, tereyağı eriyene kadar ısıtın.
ç) Büyük bir karıştırma kabında yumurtaları ve şekeri yüksek hızda, hacmi üç katına çıkana ve açık sarı olana kadar 8 ila 15 dakika çırpın.
d) Unu, kabartma tozunu ve tuzu yumurta karışımının üzerine eleyin ve birleşene kadar karıştırın.
e) Ilık süt karışımına vanilyayı ekleyin, ardından hamura dökün ve karışana kadar karıştırın.

f) Hamuru kek kalıplarına paylaştırın ve kürdan temiz çıkana kadar 30-34 dakika pişirin. Tel ızgara üzerindeki tavalarda soğumaya bırakın.

AHUDUDU SIRASI VE HİNDİSTAN CEVİZİ KAPLAMASI İÇİN:

g) Jelatini ¼ bardak suyun üzerine serpin ve 5 dakika yumuşamasını bekleyin.

ğ) Bir tencerede su ve şekeri eriyene kadar ısıtın, ardından ahududuları ekleyip 5-8 dakika pişirin. Karışımı süzün ve sıvıyı çıkarmak için aşağı doğru bastırın.

h) Mikrodalgada jelatini şurup kıvamına gelene kadar yumuşatın, ardından ahududu karışımına çırpın. Şekerlemelerin şekerini bir kaseye eleyin, üzerine ahududu şurubunu dökün ve pürüzsüz hale gelinceye kadar çırpın. İstenirse gıda boyası ekleyin, ardından hafifçe koyulaşana kadar 15-20 dakika buzdolabında saklayın.

MONTAJLAMA:

ı) Parşömenle kaplı bir fırın tepsisinin üzerine tel soğutma rafını yerleştirin. Pandispanyanın kenarlarını kesin ve 2 inçlik karelere kesin. Kesilen kareleri 30 dakika dondurun.

i) Bir kasede ahududu karışımı, diğerinde ise hindistan cevizi karışımı bulunan 2 kaseli bir tarama sistemi kurun.

j) Pasta karelerini dondurucudan çıkarın, her karenin üzerine ahududu sosunu kaşıklayın ve ardından hindistan ceviziyle kaplayın. Tel rafın üzerine yerleştirin.

k) Tüm kareler kaplandıktan sonra, donması için 20-30 dakika buzdolabında saklayın.

100. Nane Kabuğu Espresso Makaron

İÇİNDEKİLER:
KABUKLAR İÇİN:
- 112 gr badem unu (yaklaşık 1 su bardağı)
- 230 gr şekerleme şekeri (yaklaşık 2 su bardağı)
- 105 gr yumurta akı (yaklaşık 3 büyük yumurta)
- Bir tutam tuz
- 1/4 çay kaşığı tartar kreması
- 50 gr toz şeker (yaklaşık 1/4 su bardağı)
- 1/8 çay kaşığı vanilya özü
- 1/8 çay kaşığı nane özü
- Kırmızı gıda jeli

PASTA KREMASI İÇİN:
- 1 bardak ağır krema
- 3 yemek kaşığı kakao tozu
- 1 çay kaşığı espresso tozu
- 2 yemek kaşığı un
- 1/2 çay kaşığı mısır nişastası
- 1/8 çay kaşığı tuz
- 1/4 su bardağı şeker
- 1/2 çay kaşığı vanilya özü
- 1/8 çay kaşığı nane özü
- 2 yumurta sarısı

TALİMATLAR:
KABUKLAR İÇİN:

a) Bir mutfak robotunda badem ununu ve şekerleme şekerini birleştirin. Tamamen birleşene ve hiçbir topak kalmayıncaya kadar nabız atın. Bir kenara koyun.
b) Büyük bir kapta yumurta aklarını tuz ve krem tartarla yüksek hızda köpürene kadar çırpın.
c) Yumurta beyazları yumuşak tepecikler oluşana kadar yüksek hızda çırpmaya devam ederken yavaş yavaş toz şekeri ekleyin (çırpıcıları kaldırdığınızda yumurta aklarının uçları kendi üzerine katlanır).
ç) Vanilya ve nane özünü ekleyin ve sert zirveler oluşuncaya kadar çırpın (yumurta beyazlarının uçları katlanmayacak).
d) Badem unu ve şekerleme şekeri karışımını beze üzerine eleyin. Düzgün bir şekilde elenmeyen topakları atın.
e) Un karışımını bir spatula kullanarak bezenin içine yavaşça katlayın. Katlarken havanın bir kısmını dışarı doğru bastırın. Tamamen birleşene kadar devam edin ve karışım, eşit bir akış halinde yavaşça akan lavlara benzesin.
f) 1a yuvarlak boru ucuna sahip bir sıkma torbası hazırlayın. Döner bir görünüm için sıkma torbasının 4 kenarına kırmızı gıda boyasını damlatın. Hamuru sıkma torbasına aktarın.
g) 1 inçlik yuvarlak diskleri silikon bir fırın tepsisine veya parşömen kağıtla kaplı fırın tepsisine sıkın. Hava kabarcıklarının çıkması için tepsiyi birkaç kez tezgaha vurun. Daha büyük hava kabarcıklarını patlatmak için kürdan kullanın.
ğ) Kabukların artık dokunulamayacak hale gelinceye kadar 45 dakika ila 1 saat kurumasını bekleyin. Güzel bir kabuk oluşturmalı ve pişirmeden önce tamamen kurumalıdırlar.
h) Fırını önceden 300°F'ye (150°C) ısıtın.
ı) Her seferinde bir tepsiyi 150°C'de (300°F) 15-17 dakika pişirin. Pişirme matından veya parşömen kağıdından çıkarmadan önce tamamen soğumalarını bekleyin.

PASTA KREMASI İÇİN:
i) Kremayı orta-düşük ateşte bir tencerede sadece ılık olana kadar ısıtın.

j) Ayrı bir kapta kakao tozu, espresso tozu, un, mısır nişastası, tuz ve şekeri karıştırın.
k) Yumurta sarılarını kuru karışıma ekleyin ve birleşene kadar karıştırın.
l) Sıcak kremayı yavaş yavaş kuru malzemelere ekleyin ve pürüzsüz hale gelinceye kadar karıştırın.
m) Karışımı tekrar orta ateşteki tencereye aktarın ve muhallebi kıvamına gelinceye kadar sürekli çırpın. Ateşten alın.
n) Vanilya ve nane özünü ekleyip karıştırın ve karışımı ince bir süzgeçten geçirerek bir kaseye dökün.
o) Pastacı kremasını plastik ambalajla örtün ve plastik ambalajın kremanın üst kısmına temas etmesini sağlayarak kabuk oluşmasını önleyin. Kullanmadan önce en az 2 saat buzdolabında bekletin.
ö) TOPLANTI:
p) Makaron kabukları ve pastacı kreması hazır olduktan sonra, pastacı kremasını kabukların yarısının tabanına kaşıkla veya sıkın.
r) Makaronlu sandviçler oluşturmak için doldurulmuş kabukları kalan kabuklarla sandviçleyin.
s) Makaronları yemeden önce en az 24 saat buzdolabında saklayın, böylece tatların tam olarak gelişmesi sağlanır.

ÇÖZÜM

" Son Kırmızı Kadife Fırınlar "in sonuna geldiğimizde, kırmızı kadifenin lüks dünyasının tadını çıkarmak ve sunduğu sonsuz olanakları keşfetmek için ilham aldığınızı umuyoruz. Kırmızı kadife bir lezzetten çok daha fazlasıdır; çöküşün, zarafetin ve kutlamanın sembolüdür. Pişirme maceralarınıza devam ederken, pişirdiğiniz her kırmızı kadife yaratımının mutfağınıza neşe, damak zevkinize lezzet getirmesini dilerim.

En son kırmızı kadife kreasyonunuzun son kırıntıları tadarken ve taze pişmiş ikramların aroması kaybolurken, kırmızı kadifenin büyüsünün her zaman devam edeceğini bilin. Kırmızı kadife sevginizi arkadaşlarınızla ve ailenizle paylaşın, yeni lezzet kombinasyonlarını deneyin ve kendi kırmızı kadife başyapıtlarınızı yaratırken yaratıcılığınızın parlamasına izin verin.

Kırmızı kadife dünyasındaki bu keyifli yolculukta bize katıldığınız için teşekkür ederiz. Mutfağınız kakaonun zengin aromasıyla, sofranız kırmızı kadife ikramların cazibesiyle, kalbiniz pişirme keyfiyle dolsun. Tekrar buluşana kadar, mutlu pişirme ve afiyet olsun!

www.ingramcontent.com/pod-product-compliance
Lightning Source LLC
Chambersburg PA
CBHW070659120526
44590CB00013BA/1019